Ulrike Wiebrecht

Wandern auf
Fontanes Wegen

Inhalt

Die Grafschaft Ruppin

Das Oderland

Havelland

Spreeland

Eine Wünschelrute für Brandenburg

»An einem Sommermorgen,
da nimm den Wanderstab,
es fallen alle Sorgen
wie Nebel von dir ab.«

So lauten die ersten Verse von Theodor Fontanes Gedicht „Guter Rat". Und man könnte denken, er hätte diesen selbst befolgt. Doch weit gefehlt. Auch wenn der Titel „Wanderungen durch die Mark Brandenburg" dies nahelegt – die meisten Strecken hat Fontane mit Kutsche und Eisenbahn, bisweilen auch mit dem Boot zurückgelegt. Hat er das Wandern doch mal praktiziert, dann war es nur ein Programmpunkt unter vielen, wie ein Brief an seine Frau Emilie von 1862 beweist:

»Gestern um zwölf wieder in Freienwalde. Sechs Stunden lang geklettert. Von sechs bis acht reizende Fahrt nach dem Schloßberg; von acht bis elf mit dem Dichter und Drechslermeister Weise beim Biere geplaudert. Um elfeinhalb nach Wriezen, um eins im ,Goldenen Löwen' zu Bett, eine Wanze gefangen und langsam gebraten, dann rachebefriedigt eingeschlafen.«

Auf jeden Fall müssten seine Bücher nach heutigen Maßstäben nicht „Wanderungen", sondern eher „Ausflüge" oder „Streifzüge" durch die Mark Brandenburg heißen.

Das Denkmal in Neuruppin zeigt Fontane mit Wanderstock

Theodor Fontane

1819 Geburt von Henri Théodore (Theodor) Fontane am 30. Dezember in Neuruppin

1827 Umzug der Familie nach Swinemünde

1833 Eintritt in die Gewerbeschule in Berlin

1836 Beginn der Lehrzeit als Apotheker in Berlin

1839 Erste Veröffentlichung der Novelle „Geschwister- liebe" im „Berliner Figaro"

1844 Militärdienst und erste Englandreise, der 1852 eine zweite folgt

1850 Heirat mit Emilie Rouanet-Kummer

1851 Geburt von George Emile, dem ersten von insge- samt sieben Kindern

1855–1858 Korrespondententätigkeit in London

1858 Reise nach Schottland, das ihn hinsichtlich der „Wanderungen" besonders inspiriert

1859 Veröffentlichung der ersten „Wanderungen"-Kapitel

1860 Beginn der Tätigkeit für die „Kreuzzeitung" in Ber- lin

1862 Veröffentlichung des ersten Bands der „Wande- rungen durch die Mark Brandenburg". 1863, 1873, 1882 und 1889 erscheinen die vier Folgebände

1870–1871 Tätigkeit als Kriegsberichterstatter in Frank- reich mit kurzzeitiger Gefangennahme

1878 Veröffentlichung des ersten Romans „Vor dem Sturm"

1880–1896 Veröffentlichung etlicher Romane, unter an- derem „Unterm Birnbaum", „Irrungen, Wirrungen", „Frau Jenny Treibel", „Effi Briest" sowie der Autobio- grafie „Meine Kinderjahre"

1898 Fontane stirbt am 20. September in Berlin und wird am 24. September auf dem Friedhof der Französisch- Reformierten Gemeinde in der Liesenstraße begraben. Im Oktober erscheint sein Spätwerk „Der Stechlin".

Schloss Ribbeck war vor 1893 ein eingeschossiges Landhaus

Die Belebung des Lokalen

Wenn Theodor Fontane sich ausnahmsweise zu Fuß auf den Weg gemacht hat, dann mit Sicherheit nicht, um die viel beschworene „Magie des Gehens" zu spüren oder Abstand vom Alltag zu bekommen. Ihm ging es auch nicht vordergründig um Naturgenuss. Kam er irgendwohin, suchte er zunächst nach dem Herrenhaus, der Kirche und nach Spuren der dortigen Adelsfamilien, wobei er in seine Betrachtungen gern Gespräche mit Kutschern, Wirtinnen oder die eine oder andere wunderbare Landschaftsbeschreibung einfließen ließ. Doch sein Anliegen war ein anderes:

»Die letzten 150 Jahre haben dafür gesorgt, daß man von den Brandenburgern (oder Märkern, oder Preußen) mit Respekt spricht; die Thaten, die geschehn und die Männer, die die Thaten geschehn ließen haben sich Gehör zu verschaffen gewußt, aber man kümmerte sich um sie mehr historisch als menschlich. (...) Eine Folge davon war, daß die Schauplätze, auf denen sich unser politisches Leben abgesponnen, auf denen die Träger eben dieses politischen Lebens thätig waren, relativ unbelebt blieben. (...) Detailschilderung behufs bessrer Erkenntnis und größrer Liebgewinnung historischer Personen, Belebung des Lokalen, und schließlich Charakterisierung märkischer Landschaft und Natur, – das sind die Dinge, denen ich vorzugsweise nachgestrebt habe.«

Das Aha-Erlebnis in Schottland

Das Vorhaben zu seinen „Wanderungen" reifte in Fontane 1858 auf einer Schottlandreise, als er in der Grafschaft Kinross am Leven-See weilte. Mitten im See erhebt sich Lochleven Castle, ein geschichtsträchtiges Douglas-Schloss. Er näherte sich im Ruderboot dem sagenumwobenen Schloss, in dem einst Queen Mary gefangen saß und von Willy Douglas befreit wurde. Plötzlich stand ihm das Bild von Schloss Rheinsberg vor Augen:

》 *(...) und ehe noch unser Boot auf den Sand des Ufers lief, trat die Frage an mich heran: So schön dies Bild war, das der Leven-See mit seiner Insel und seinem Douglas-Schloß vor dir entrollte, war jener Tag minder schön, als du im Flachboot über den Rheinsberger See fuhrst, die Schöpfungen und die Erinnerungen einer großen Zeit um dich her? Und ich antwortete: nein.《*

》*Erst die Fremde lehrt uns, was wir an der Heimat besitzen*《,

erkannte er und machte sich daran, seine Heimat zu durchstreifen, um, wie er im Schlusswort zum IV. Band schreibt,

》*das eingewurzelte Vorurteil von einer hierlandes auf alle Dinge sich erstreckenden Armut und Elendigkeit zu bekämpfen und durch Hinweis auf diesen oder jenen Schönheits- beziehungsweise Berühmtheitspunkt unsrem so gern in die Ferne schweifenden Märker zu Gemüt zu führen: ‚Sieh, das Gute liegt so nah.'*《

Historische Stadtansicht von Fontanes Geburtsstadt Neuruppin um 1652

Vom Plauderton abgekommen

Herausgekommen sind fünf Bände – „Die Grafschaft Ruppin",
„Das Oderland", „Havelland", „Spreeland" und „Fünf Schlösser",
die im Lauf von 27 Jahren immer wieder ergänzt und überarbeitet wurden. Sie sind ganz unterschiedlich ausgefallen und auch
in sich keineswegs homogen. Vielmehr vermischen sich verschiedene Genres – Reportage, Bericht und historische Abhandlungen.
Während die Schilderungen im „Havelland" und „Spreeland" relativ lebendig ausgefallen sind, sind sie im „Oderland" eher geschichtslastig. Das liegt daran, dass Fontane die Kenntnisse von
vielen Orten fehlte. Nachdem er dies feststellte, gab er den ursprünglichen Plauderton auf und vertiefte sich in die Geschichte.

In gewisser Weise sind die „Wanderungen" Vorübung und
Grundlage für Fontanes Romane, denn in Werken wie „Effi
Briest" oder dem „Stechlin" schöpft der Romanschriftsteller unverkennbar aus den Schauplätzen, der Atmosphäre und Anekdoten, die er für seine „Wanderungen" zusammengetragen hat.

Das touristische Potenzial herausgelockt

Wie immer man die fünf Bände literarisch einordnen mag – ihr
großes Verdienst besteht darin, dass Fontane das touristische Potenzial Brandenburgs erkannt und seinen Lesern vor Augen geführt hat. Ohne seine liebevollen, mal amüsanten, mal sarkasti-

Fontane an seinem Schreibtisch 1894

schen Betrachtungen würde das Bundesland womöglich heute noch den meisten als öde Streusand-büchse oder Pampa gelten. Dabei hat er sich nicht auf bedeutende Städte wie Potsdam konzentriert, sondern oft auf eher unscheinbare Orte wie Kossenblatt oder Groß Rietz. Wo-bei sich Fontane keinesfalls den Vor-wurf gefallen lassen muss, das Land „schön geschrieben" zu haben: Wo er es für nötig hielt, hat er durchaus kri-tische Töne angeschlagen. Saarmund nannte er einen

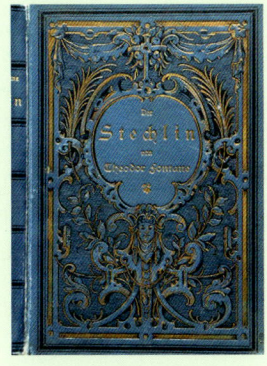

„Der Stechlin" ist Fontanes letzter Roman

»(...) der vielen Orte, die nicht leben und nicht sterben können und nur dazu da sind, im Herzen eines Vorüberfahrenden ein senti-mentales Gefühl zu wecken«.

Und über einen Ausflug nach Trebbin berichtet er:

»Ich passierte die Straßen, und überall bot sich dasselbe Bild: die Kirche so trist wie die Stadt und die Stadt so trist wie die Kir-che.«

Warum wandern?

Doch nach all dem fragt sich: Warum mit Fontane ausgerechnet wandern, wenn er selbst es kaum getan hat? Natürlich kann man auch mit Bahn, Bus oder Auto die einschlägigen Orte ansteuern. Aber sie sich erlaufen, ist eine völlig andere Erfahrung. Zu Fuß er-lebt man nicht nur die Weite des Havellands oder das Gebirgige der Märkischen Schweiz viel intensiver. Unterwegs kann man – wenn man die Augen öffnet – auch unzählige jener Details entde-cken, die Fontane so am Herzen lagen und für die seine Betrach-tungen die Sinne schärfen. Beim Laufen, scheint es, kann man sich eher in seine Welt hineindenken, dem Poetischen nachspü-ren, das er in Brandenburg aufgespürt hat – und womöglich die „Wanderungen" auch gedanklich fortspinnen. So sollte man, auch wenn Fontane selbst häufig unter Zeitdruck recherchierte, sei-nen Rat befolgen und sich – ob an einem schönen Sommermorgen oder trüben Herbsttag – auf den Weg machen und erleben, wie beim Wandern die Sorgen wie Nebel von einem abfallen.

Mit Fontane unterwegs

Auf Fontanes Spuren wandern – das klingt einfacher, als es tatsächlich ist. Denn man kann nicht etwa auf Strecken zurückgreifen, die der Autor der „Wanderungen durch die Mark Brandenburg" selbst zurückgelegt hätte. Da er selbst kaum gewandert ist und sich zudem die Straßen- und Wegführung vielerorts geändert hat, mussten die Touren in vielen Fällen neu erdacht werden. Zum einen orientieren sie sich an besonders markanten Orten aus Fontanes Werk. Zum anderen sollten die Wanderungen durch möglichst reizvolle Landschaften und auf Wegen verlaufen, die sich gut zum Wandern eignen – selbst wenn der Naturgenuss bei Fontanes Entdeckungsreisen eine untergeordnete Rolle spielte.

Manchmal ließ sich das ideal umsetzen – wie bei der Wanderung durch die Ruppiner Schweiz, die ohnehin zu den schönsten Wanderregionen Brandenburgs gehört. Gleichzeitig verbindet die Tour zwei Orte, die Schlüssel zum Verständnis von Fontanes „Wanderungen" sind: Neuruppin und vor allem Rheinsberg. Rheinsberg war ja überhaupt erst Anregung zu dem fünfbändigen Werk, und man kann noch heute nachvollziehen, was den Autor dort fasziniert hat: die wunderbare Wald- und Wasserlandschaft, in die das Schloss eingebettet ist mitsamt seiner denkwürdigen Geschichte, die sich um zwei Exponenten der preußischen Historie – Friedrich den Großen und dessen Bruder Heinrich – rankt. Inzwischen wird sie noch durch eine weitere Geschichte „bereichert" – die von Kurt Tucholsky, für den Rheinsberg in seinem „Bilderbuch für Verliebte" ebenfalls zum Sehnsuchtsort wurde und dessen Spuren man im Schloss nachverfolgen kann.

Auch in Neuruppin, der Geburtsstadt des Dichters, lässt sich gut nachempfinden, warum er vom Tempelgarten schwärmte, aber auch vieles an der Stadt bemängelte. Ganz anders verhält es sich mit Küstrin, einem weiteren Schlüsselort in Fontanes „Wanderungen". Dort wurde die einstige Festung zerstört, und zu den Trümmern auf polnischem Gebiet bietet sich auch kein reizvoller Wanderweg zur Spurensuche an. Ähnlich wie in Kunersdorf. Das Schloss, in dem die legendäre Frau von Friedland einst einen bedeutenden Musenhof unterhielt, fiel dem Zweiten Weltkrieg zum Opfer. Da die Gegend auch nicht unbedingt zum Laufen einlädt, bleibt einem nur die spannende Lektüre.

Tipps zum Wandern

⇨ **Bei Anreise mit der Bahn**
Vor der Tour sicherheitshalber noch
einmal die aktuellen Fahrpläne im
Internet oder per Telefon prüfen.

⇨ **Gutes Schuhwerk**
Bei Wanderungen ab vier Stunden
empfehlen sich Wanderstiefel.

⇨ **Kleidung für jede Wetterlage**
Je nach Jahreszeit Badezeug, Regen-
und Sonnen- und/oder Mückenschutz.

⇨ **Erste-Hilfe-Set mit Blasenpflaster**

⇨ **Proviant**
Genügend Trinkflüssigkeit und etwas
zu essen. Die Einkehrmöglichkeiten
sind in manchen Gegenden dünn gesät
und/oder können geschlossen haben.

⇨ **Eventuell Wanderkarte oder
Smartphone mit GPS-Funktion**

Information
Informationen zum Wandern, Wander-
broschüren und anderes gibt es bei der

**Tourismus Marketing
Brandenburg GmbH**
Am Neuen Markt 1 ·
14467 Potsdam ·
(03 31) 2 00 47 47 ·
www.reiseland-brandenburg.de

Immerhin ließen sich genügend Orte finden, an denen man gut auf Fontanes Spuren wandeln und dabei durch schöne Landschaften laufen kann: Marquardt zum Beispiel, Lindow, Meseberg, Wustrau. Oder Teupitz im Schenkenländchen. Darüber hinaus kann man bei einigen Touren sogar feststellen, welche Wirkung die Worte des Dichters hatten und heute noch haben. Der Stechlinsee wurde erst dadurch zur Touristenattraktion, dass Fontane ihn in den „Wanderungen" erwähnt und zum Protagonisten seines letzten Romans gemacht hat. Gleichzeitig haben seine Werke mit dazu beigetragen, dass der einzigartige See unverbaut geblieben ist und heute unter Naturschutz steht. Ein weiteres Beispiel für die Wirkung, die Literatur entfalten kann, ist Ribbeck: Ohne Fontanes Ballade über den Herrn von Ribbeck im Havelland wäre aus dem relativ unspektakulären Ort nie das Bilderbuchdorf geworden, das es heute ist. Erst aufgrund des Gedichts begannen die Menschen, dorthin zu pilgern, um ihre Sehnsucht nach einer guten, alten Zeit zu stillen – die es vielleicht nie so gegeben hat. Und man kann nur darüber spekulieren, was der Autor selbst über derlei Veränderungsprozesse schreiben würde, wenn er sie heute erleben würde.

Mit Bahn & Bus zum Wandern

Die Wanderungen sind so konzipiert, dass alle Start- und Zielpunkte mit öffentlichen Verkehrsmitteln zu erreichen sind. Das geht in manchen Fällen schnell und unkompliziert, in anderen Fällen ist es umständlicher. Die entsprechenden Verbindungen werden jeweils angegeben, doch sollte man sich unbedingt vorher vergewissern, dass die Bahnen und Busse auch tatsächlich fahren (zum Beispiel unter www.vbb.de).

Tickets

Bei den Fahrscheinen muss man unterscheiden zwischen Fahrten ins Berliner Umland (z. B. Caputh, Marquardt, Werder), die in den **Tarifbereich ABC** oder, wie im Fall vom S-Bahnhof Wannsee, in den **Bereich AB** fallen, und solchen zu entfernteren Zielen in Brandenburg, für die jeweils unterschiedliche Tarife gelten.

Touren ins nahe Berliner Umland (Berliner S-Bahn-Bereich)

Wer eine Monatskarte (Umweltkarte) für den Tarifbereich Berlin AB besitzt, muss für den Tarifbereich ABC lediglich die Anschlusskarte für den Tarifbereich C zu 1,60 Euro lösen. Ansonsten lohnen sich ab drei Personen die **Kleingruppenkarten,** die für bis zu fünf Personen gelten.

Ticket	AB	BC	ABC
Einzelfahrschein	2,80 €	3,10 €	3,40 €
Tageskarte	7,00 €	7,40 €	7,70 €
Kleingruppenkarte	19,90 €	20,60 €	20,80 €
			Stand: Februar 2019

Touren ins weitere Brandenburg

Was die weiteren Strecken angeht, empfehlen sich in vielen Fällen ab drei Personen ebenfalls Kleingruppenkarten. Ansonsten ist meist die Tageskarte die beste Wahl, da sie Hin- und Rückfahrt einschließt. Generell ist es günstig, bereits zusammen mit dem Ticket für die Hinfahrt das für die Rückfahrt zu erwerben, da sich mitunter an den Fahrkartenautomaten lange Schlangen bilden und man es riskiert, den Zug zu verpassen. Im Übrigen gibt es an vielen Bahnhöfen keine Fahrkartenschalter. Gut zu wissen: Wer im Besitz einer BahnCard ist, zahlt auch bei Fahrten ins Umland den Ermäßigungstarif (dies bei Fahrkartenkauf angeben!).

Ticket	VBB-Gesamtnetz
Einzelfahrschein	je nach Entfernung
Tageskarte	21 €
Brandenburg-Berlin-Ticket[1]	29 € (am Automaten/im Internet) 31 € (am Schalter)

[1] Gilt für bis zu fünf Personen (oder zwei Erwachsene und beliebig viele eigene Kinder/Enkelkinder) werktags von 9 Uhr bis 3 Uhr des Folgetages, am Wochenende ab 0 Uhr.

Tipp: In vielen Fällen ist schon ab zwei Personen das **Brandenburg-Berlin-Ticket** die beste Option. Es gilt für bis zu fünf Personen bzw. für zwei Erwachsene und beliebig viele Kinder oder Enkelkinder werktags von 9 bis 3 Uhr nachts des Folgetages, am Wochenende ab 0 Uhr.

Alle Fahrscheine sind an den BVG- und S-Bahn-Automaten zu erwerben. Auch an den Ticketschaltern von BVG, S-Bahn und Deutscher Bahn kann man die Tickets kaufen. Alle weiteren Informationen zur An- und Abreise mit öffentlichen Verkehrsmitteln gibt es beim Verkehrsverbund Berlin-Brandenburg (VBB) · Kundentelefon: (0 30) 21 41 41 41 · www.vbb.de

Andere Verkehrsmittel

Für die Anreise mit dem Pkw bieten sich insbesondere die Rundwanderwege an, zum Beispiel die Wanderung um den Stechlinsee oder zum Baa-See bei Bad Freienwalde.

Einige Wanderungen – die Tour von Werder nach Marquardt, von Marquardt nach Ketzin, die um den Schwielowsee oder durch den Spreewald – eignen sich auch ideal zum Fahrradfahren.

Die Grafschaft Ruppin

(Band 1, 1862)

Der kristallklare Stechlinsee war Namenspate für Fontanes letzten Roman ▸ Seite 46

14

Die „Grafschaft Ruppin", der Auftakt zu den „Wanderungen durch die Mark Brandenburg", hat eine Schlüsselstellung in Fontanes fünfbändigem Werk. Das Bild vom Schloss Rheinsberg, das ihm bei einem Schottland-Besuch 1858 vor Augen stand, war überhaupt erst die Initialzündung zu dem „historisch-romantischen" Buch über die Mark. Insofern muss natürlich auch eine der Wanderungen zu dem heute noch reizvollen Ort führen. Ebenso wie in Fontanes Geburtsstadt Neuruppin. Außerdem haben ihn in der Region auch der Stechlinsee, Wustrau, Lindow und Gransee nachhaltig inspiriert, was man unterwegs auf den entsprechenden Wanderungen gut nachvollziehen kann.

1 Liebliches Lindow, Zauberschloss Meseberg und Luisenkult in Gransee

Start	**Ziel**	**Länge**	**Gehzeit**
Bhf. Lindow	Bhf. Gransee	15 km	4 Std.

Lindow ist ein Ort, der Fontane so begeistert hat, dass er ihm nicht nur ein Kapitel seiner „Wanderungen" widmete, sondern ihn auch zum Schauplatz zweier Romane machte. In Meseberg ist er einem „Zauberschloß" begegnet – das heute als Gästehaus der Bundesregierung dient – und in Gransee dem Luisendenkmal, das Schinkel zu Ehren von Preußens liebster Königin schuf. Was er sicher nicht kannte, ist der wunderschöne Wanderweg, der die drei Orte verbindet. Mal schlängelt er sich am Wutz-, mal am Huwenowsee entlang, zwischendurch führt er durch dichte Waldgebiete – Idylle pur, bis einen am Stadtrand von Gransee Supermärkte in die Gegenwart zurückholen.

„Wie ein Zauberschloß liegt es auch heute noch da", schwärmte Fontane von Schloss Meseberg

Infos zur Tour

Hinfahrt
Bhf. Lindow
RE5 bis Löwenberg ab Berlin Hbf, dann
weiter mit RB54, mehrmals tgl., ca. 1
Std. 20 Min.

Rückfahrt
Bhf. Gransee
(RE5 ca. stdl., ca. 60 Min. bis Berlin
Hbf)

Streckenverlauf
Lindow – Meseberg – Gransee

Streckencharakteristik
Landschaftlich abwechslungsreiche
Tour auf Waldwegen und -pfaden mit
mehreren Seen, teils auch auf Hartbelag

Schwierigkeit
Einfache Wanderung mit leichten
Steigungen

Beschilderung
Erst grüner, dann roter Querstrich

Information
Touristinformation Gransee
Rudolf-Breitscheid-Str. 44 ·
16775 Gransee · (0 33 06) 2 16 06 ·
www.gransee.de · Mai–Sep. Di–Fr
10–16.30, Sa/So 10–16 Uhr, Okt.–Apr.
Di–Fr 10–16, Sa/So 12–16 Uhr
Hier ist auch das Heimatmuseum mit
einem Königin-Luise-Salon untergekommen.

Einkehren
Hotel-Restaurant Klosterblick
Am Wutzsee 23 · 16835 Lindow ·
(03 39 33) 89 00 ·
www.klosterblick-lindow.de ·
Tgl. ab 11 Uhr, im Winterhalbjahr nur
Mi–So
Auf der Terrasse des Cafés „Cecile"
gibt es Kaffee, Kuchen und Speisen wie
Elsässer Flammkuchen. Wer will, kann
hier auch in einem der komfortablen
Zimmer übernachten (DZ ab 65 Euro).

Schlosswirt
Meseberger Dorfstr. 27 ·
16775 Gransee (OT Meseberg) ·
(0 33 06) 20 46 70 ·
www.schlosswirt-meseberg.de ·
Tgl. ab 12 Uhr
Sicherlich die schönste Einkehrmöglichkeit auf der Strecke. In stilvollem
Rahmen werden regionale Spezia-
litäten und hausgemachter Kuchen
serviert.

Baden
Mehrere Badestellen am Wutz- und am
Huwenowsee

Tipp
Im Sommer sollte neben ausreichend
Proviant und Badezeug auch Mücken-
schutz ins Gepäck.

km 0–0,5 **Vom Bahnhof Lindow nach Lindow**

Die Tour startet am Bahnhof von Lindow, wo man den Hinweisschildern zur Klosterruine am Wutzsee folgt. Erst geht es auf der Bahnhofstraße in Richtung Zentrum, dann rechts in die Ernst-Thälmann-Straße und kurz darauf wieder links durch die Harnackstraße, wo in der Ferne schon der **Wutzsee** aufblitzt. Unweit vom Hotel-Restaurant „Klosterblick" gelangt man zur Ruine des Klosters Lindow, die Fontane in mehrfacher Hinsicht inspiriert hat.

Lindow

»*Die nur durch ihre Lage reizende Stadt kann uns durch ihre Straßen und Plätze nicht fesseln (...)*«,

und das mag auch heute noch gelten, wenn man von einigen klassizistischen Häusern im Ortszentrum absieht. Doch eingebettet in die liebliche Seen- und Waldlandschaft des **Ruppiner Lands** ist Lindow ein Ort, der sich durchaus für längere Aufenthalte eignet. Während der **Gudelacksee** vor allem Wassersportler lockt, zieht der ruhigere **Wutzsee** mit seinen schönen Badestellen vor allem Schwimmer und Kanuten an.

»*Wie seh ich, Klostersee, dich gern!*
Die alten Eichen stehn von fern
Und flüstern, nickend, mit den Wellen.

Und Gräberreihen auf und ab;
Des Sommerabends süße Ruh
Umschwebt die halbzerfallnen Grüfte.«

Mit den halbzerfallenen Grüften ist die von Efeu überwucherte Ruine des mittelalterlichen Zisterzienserklosters gemeint, die am Ufer des Wutzsees steht, der bei Fontane nur Klostersee heißt. Allerlei Legenden ranken sich um die Gemäuer. Immer wieder erzählt man sich die Sage von der „schönen Nonne", deren Liebhaber an der Klostermauer kratzte und schabte, bis er sie befreien konnte. Doch Fontane interessierte sich vor allem für die Geschichte:

»*Kloster Lindow wurde gegen Ende des zwölften oder Anfang des dreizehnten Jahrhunderts von dem Grafen Gebhard von Ruppin und Lindow als ein Prämonstratenser-Nonnenkloster gegründet (...)*«

Die Statue im Wutzsee verweist auf die Legende der „schönen Nonne" Amelie

Lange soll **Kloster Lindow** mit achtzehn Dörfern zu den reichsten Klöstern der Mark gehört haben. Doch nach der Reformation wurde es säkularisiert und aus dem Nonnenkloster ein Fräuleinstift. Der Dreißigjährige Krieg setzte dem Gebäude weiter zu, sodass schon zu des Dichters Zeiten nur noch Trümmer übrig geblieben waren, die eine Parkanlage mit Friedhof begrenzen:

»*Wir lassen halten, überklettern die gerad an dieser Stelle weder Tür noch Pforte zeigende Mauer und befinden uns auf einer von prächtigen alten Bäumen überragten Parkwiese (...) Die schönsten Teile dieser Parkwiese sind die, wo begraben wird. Von dem richtigen Gefühl ausgehend, daß Leben und Tod Geschwister sind, die sich nicht ängstlich meiden sollen, hat man hier die Spiel- und Begräbnisplätze dicht nebeneinander gelegt, und dieselben Blumen blühen über beide hin. Aber der Tod, so gemütlich er mit dem Leben zu leben weiß, hat doch innerhalb seiner eignen Gebiete nicht ganz auf Scheidungen und Standesunterschiede verzichtet, die nun, so scheint es, Zeugnis ablegen sollen, daß wir uns hier auf dem Grund und Boden eines adligen Fräuleinstiftes befinden. Im Leben ‚leben und leben lassen‘, aber im Tode – Rangordnung!*«

km　**Von Lindow nach Meseberg**
0,5–8,5　Von der Klosterruine aus führt die Wanderung rechts am Südufer des Sees entlang. Zunächst geht es an allerlei Wassergrundstücken

vorbei, dann auf einem schmalen, mit grünem und rotem Querstrich markierten Pfad oberhalb des Sees in einen schönen Mischwald mit Buchen, Eichen und Kiefern. In der warmen Jahreszeit ist intensives Vogelgezwitscher zu hören, während man an mehreren Badestellen entlang bis zum Ende des Sees läuft, wo es in spitzem Winkel nach rechts und bald wieder links auf einen breiteren Forstweg geht. Auf diesem gelangt man zu einer Wegkreuzung, an der man links abbiegt und der Ausschilderung nach Meseberg und zum Huwenowsee folgend auf recht sandigen Böden durch die freundliche **Baumgartener Heide** läuft. Bald tauchen auch die ersten Häuser von **Baumgarten** auf. Doch bevor man den Ort erreicht, biegt man rechts in den ausgeschilderten Weg zum **Huwenowsee** ab. An einer Wiese mit Badestelle, an der man sich links hält, beginnt nun die schönste Etappe der Wanderung: Von mächtigen Linden, Eichen und Buchen umstanden bietet das nördliche Seeufer einen wahrhaft lieblichen Anblick. Hier und da säumt eine kleine Bucht den Weg, vielleicht hämmert auch ein Specht. Schließlich grüßt vom gegenüberliegenden Ufer die adrette Fassade des **Schlosses Meseberg.**

Meseberg

»*Der Reisende, der hier über das benachbarte Plateau hinfährt, dessen öde Fläche nur dann und wann ein Kirchturm oder ein Birkengehölz unterbricht, ahnt nichts von der verschwiegenen Talschlucht an seiner Seite, von der steilabfallenden Tiefe mit Wald und Schloss und See. Dieser letztere, der Huvenowsee geheißen, ist eines jener vielen Wasserbecken, die sich zwischen dem Ruppinschen und dem Mecklenburgischen hinziehen und diesem Landstriche seine Schönheit und seinen Charakter geben.*«

Inmitten dieser Landschaft entdeckt der Autor dann das Gebäude, das sich mit adretter Fassade am Ufer des Huwenowsees erhebt:

»*Wie ein Zauberschloß liegt es auch heute noch da.*«

Das stolze Barockgebäude ließ 1738 Reichsgraf Hermann von Wartensleben erbauen, nachdem ein früheres Herrenhaus an dieser Stelle abgebrannt war. Wenig später erwarb es Prinz Heinrich von Preußen, um es seinem Günstling, Major von Kaphengst, zu schenken.

»*Schloss Meseberg war ein kostbarer Besitz, aber in den Augen des verblendeten Günstlings lange nicht kostbar genug*«, spottete der Autor. Im 19. Jahrhundert wohnten hier auch Nachfahren Lessings – nahebei erinnert der sogenannte Lessing-Stein mit drei eingemeißelten Ringen an die Parabel in „Nathan der Weise" – bei denen Fontane selbst mehrfach zu Gast war. Die Gemahlin des damaligen Schlossbesitzers, Emma Lessing, soll ihm auch die Geschichte des Ehepaars Ardenne erzählt haben, die er zu seinem Roman „Effi Briest" verarbeitete. Nach wechselvoller Geschichte entkam das Schloss zu DDR-Zeiten nur knapp der Sprengung. Inzwischen wurde es aufwendig saniert und hat als Gästeschloss der Bundesregierung so manchen Staatsgast beherbergt. Zu besichtigen ist es nicht. Doch in die **Dorfkirche** kann man einen Blick werfen und sich anschließend beim benachbarten „Schlosswirt" auf der schönen Terrasse mit köstlichen Speisen bewirten lassen.

km
8,5–14,5

Von Meseberg nach Gransee

Für die letzte Etappe nach Gransee wandert man auf dem erst kopfsteingepflasterten, dann asphaltierten, aber wenig befahrenen Meseberger Weg, bis links wieder ein ausgeschilderter Wanderweg in schöne Waldlandschaft führt. So läuft man eine ganze Weile immer geradeaus und kommt schließlich am prächtigen **Stadttor** von Gransee an, das einem Einlass durch die zu weiten Teilen von einer alten Stadtmauer umschlossene Stadt gewährt.

Gransee

»*Die große Zeit Gransees war wohl (wie für so viele Städte unsrer Mark) das sechzehnte Jahrhundert, die Joachimische Zeit. Damals gedieh alles, und das Kleinbürgertum wuchs fast über sich hinaus. Eine achtzehn Fuß hohe Mauer, mit fünfunddreißig Wachttürmen besetzt, umzirkte die Stadt, aus deren Mitte die schon genannte Marienkirche aufstieg und über Mauer und Wachttürme hinweg weit ins Ruppinsche und Uckermärkische hineinsah*«,

fasst Fontane den ersten Eindruck zusammen, um sich dann auf die mächtige, spätgotische **Stadtkirche** zu konzentrieren:

»*Die Marienkirche hat zwei Türme, die des Vorzugs genießen, beide fertig zu sein, und sich nur dadurch unterscheiden, dass die Spitze des einen völlig massiv, die des andern als eine bloße Holzkonstruktion in die Höhe steigt. Als Grund für diese Verschiedenheit wird diplomatische Rücksicht angegeben, und zwar Rück-*

sicht auf die rivalisierenden Mächte der Maurer- und Zimmermeister. Was dem einen recht war, war dem andern billig.«

Mehr noch als das Gotteshaus hat Fontane allerdings das **Luisendenkmal** am **Schinkelplatz** beeindruckt, das daran erinnert, dass Preußens liebste Königin kurz nach ihrem Tod am 19. Juli 1810 im Sarg von Hohenzieritz nach Berlin gebracht wurde und der Trauerzug unterwegs in Gransee Halt machte. Die trauernden Bürger hatten daraufhin Geld gesammelt und den Baumeister Schinkel mit einem würdigen Monument beauftragt.

»(Es) besteht aus einem Fundament und einem sockelartigen Aufbau von Stein, auf dem ein Sarg ruht. Über diesem Sarg, in Form eines Tabernakels, erhebt sich ein säulengetragener Baldachin. (...) Das Luisen-Denkmal

Luisendenkmal am Schinkelplatz in Gransee

zu Gransee hält das rechte Maß: es spricht nur für sich und die Stadt und ist rein persönlich in dem Ausdruck seiner Trauer. Und deshalb rührt es.«

So sehr einen das Denkmal rühren mag – oft macht es wie das Zentrum insgesamt einen verlassenen Eindruck. Auch der **Bahnhof,** aus dem ein Jugendzentrum werden soll, ist noch lange keine Augenweide. Umso erfreulicher sind Initiativen wie die des Autors Harald Hillebrandt, der in der Rudolf-Breitscheid-Straße 39 eine „Café-Bücherei" betreibt, wo man nicht nur seine Kriminalromane ausleihen oder kaufen, sondern bei Marinas und Katrins Torten auch über Fontane und Gransee ins Gespräch kommen kann (www.cafe-und-buecherei.de · Fr–So 11–18 Uhr).

Gransee – Gransee Bahnhof

km
14,5–15

Anschließend durchquert man den historischen Stadtkern und verlässt ihn in nördlicher Richtung, wo es dann auf der Vogelsangstraße und später links auf der Koliner Straße zum Bahnhof geht.

2 Vom Sitz des alten Zieten in die Fontanestadt

Start	Ziel	Länge	Gehzeit
Hst. Wustrau, Hauptstr./ Bhf. W.-Radensleben	Bhf. Neuruppin, Rheinsberger Tor	16 km bzw. 20 km	4,5 Std. bzw. 6 Std.

Herzstück der Wanderung ist der Ruppiner See mit allerlei idyllischen Uferwegen. Dabei geht es nicht nur an verwunschenen Gartengrundstücken und kleinen Wäldern vorbei, durch die das Wasser hindurchschimmert. Der See verbindet auch allerlei geschichtsträchtige Orte, die Fontane in „Die Grafschaft Ruppin" beschreibt. In Wustrau wandelt man auf den Spuren des „alten Zieten", eines preußischen Reitergenerals, in Karwe auf denen derer von dem Knesebeck und in Neuruppin begegnet man neben mehreren prominenten Persönlichkeiten auch Fontane selbst. Einziger Nachteil sind die eingeschränkten Verkehrsverbindungen nach Wustrau und der erste Abschnitt an der Landstraße.

Noch heute das Wahrzeichen von Neuruppin: die Türme der Klosterkirche St. Trinitatis

Infos zur Tour

Hinfahrt

Haltestelle Wustrau Hauptstraße
(RE6 ab Bhf. Berlin-Spandau bis Bhf.
Neuruppin, Rheinsberger Tor, dann
Bus 777, Mo–Fr ca. alle 2 Std.,
ca. 1 Std. 35 Min.)
Alternativ Bhf. Wustrau-Radensleben
(RE6 ab Bhf. Berlin-Spandau, alle 2
Std., ca. 55 Min.)

Rückfahrt

Bhf. Neuruppin, Rheinsberger Tor
(RE6 stdl. bis Bhf. Berlin-Spandau,
ca. 1 Std. 10 Min.)

Streckenverlauf

Wustrau – Karwe – Seehof – Gnewikow
– Wuthenow – Neuruppin

Streckencharakteristik

Landschaftlich reizvolle Tour auf
Waldwegen und Uferpfaden, streckenweise Hartbelag

Schwierigkeit

Einfach

Beschilderung

Unregelmäßig blauer Punkt (E10),
lokale Ausschilderungen

Information

Tourist-Information BürgerBahnhof
Karl-Marx-Str. 1 (beim Bhf. Rheinsberger Tor) · 16816 Neuruppin ·
(0 33 91) 45 46 0 ·
www.tourismus-neuruppin.de

Einkehren

Theodors
Am Bollwerk 1 · 16818 Wustrau ·
(03 39 25) 88 03 · www.theodors.de ·

März–Okt. Mo–Fr 17–20,
Sa/So/Fei 11.30–20 Uhr
Gute Landhausküche, die sich über-
wiegend aus Bioprodukten speist.
Nachmittags kann man sich Kaffee,
Kuchen und Torten schmecken lassen.

Café Constance
Hohes Ende 4 · 16818 Wustrau ·
(03 39 25) 7 06 76 · www.cafe-
constance.de · Do/Fr, im Sommer auch
Mi 12–17, Sa/So 13–17 Uhr
Stilvolles Café mit gutem Kuchen und
schöner Hofterrasse im historischen
Constance-Haus.

Café-Restaurant Tempelgarten
Präsidentenstr. 64 · 16818
Neuruppin · (0 33 91) 21 22 ·
Mi–Sa 11–22, So 11–18 Uhr
Das geschichtsträchtige Haus mit
seiner orientalischen Innenausstat-
tung bietet Brunchs, Mittag- und
Abendessen.

Baden

Mehrere Badestellen am Ruppiner See.

Fontane Therme
An der Seepromenade 21 ·
16818 Neuruppin · (0 33 91) 4 03 24 00 ·
www.resort-mark-brandenburg.de ·
Tgl. 10–22 Uhr
Schönstes Thermalbad Brandenburgs
mit Innen- und Außenpools und
schwimmender Seesauna.

Tourenkombination

Die Tour lässt sich ideal mit der Tour 3
durch die Ruppiner Schweiz (▶ Seite
34) verbinden, wenn man zwischendurch übernachtet.

Wustrau

»*Der Ruppiner See, der fast die Form eines halben Mondes hat, scheidet sich seinen Ufern nach in zwei sehr verschiedene Hälften. Die nördliche Hälfte ist sandig und unfruchtbar und, die freundlich gelegenen Städte Alt- und Neu-Ruppin abgerechnet, ohne allen malerischen Reiz, die Südhälfte aber ist teils angebaut, teils bewaldet und seit alten Zeiten her von vier hübschen Dörfern eingefasst. (…) Wustrau liegt an der Südspitze des Sees. (…) Das eigentliche Dorf, saubere, von Wohlstand zeugende Bauerhäuser, liegt etwas zurückgezogen vom See; zwischen Dorf und See aber breitet sich der Park aus, dessen Baumgruppen von dem Dache des etwas hoch gelegenen Herrenhauses überragt werden.*«

So leitet Fontane in seinem Werk über „Die Grafschaft Ruppin" das Kapitel über Wustrau ein. Wer will, läuft erstmal durch das historische Zentrum links (nördlich) der Hauptstraße. Das **Schloss** mit freundlicher, heller Fassade steht auch heute noch am Seeufer, fungiert mittlerweile als Tagungsort der Deutschen Richterakademie und kann außerhalb der Schulferien mittwochs von 13 bis 16 Uhr besichtigt werden. Als Fontane ihm seinen Besuch abstattete, stand es noch ganz im Zeichen des **alten Zieten,** jenes legendären Husarengenerals, der sich unter Friedrich dem Großen verdient gemacht hatte. Damals zählte der Dichter um die vierzig Zieten-Porträts in den Räumen.

Auch in der **Dorfkirche** gibt es ein Marmordenkmal von dem General, das ihn aber nicht überzeugte. Das tat schon eher das schlichte **Grab** an der Nordseite der Kirche. Noch eindrucksvoller ist jedoch das archaisch anmutende Grab des letzten Zieten, der unter einem wuchtigen Steinbrocken unter der mächtigen, von Fontane erwähnten Linde vor der Kirche ruht. Friedrich Christian Emil von Zieten hatte das Grab selbst zu Lebzeiten für sich anfertigen lassen. Und unser Autor kommentiert:

»*Als Friedrich Wilhelm IV. im Jahre 1844 den schon oben erwähnten Besuch in Wustrau machte, führte ihn der Graf auch an die Linde, um ihm daselbst das eben fertig gewordene*

Schloss Wustrau gehörte dem alten Zieten

Grab zu zeigen. Der König wies auf eine Stelle des Riesenfeldsteins und sagte: ‚Zieten, der Stein hat einen Fehler!', worauf der alte Herr erwiderte: ‚Der drunter liegen wird, hat noch mehr'.«

Was Fontane nicht erwähnt, ist das **Denkmal des alten Zieten,** das heute ganz in der Nähe einen eher nachdenklichen General zeigt. Es ist ein Original-Nachguss des Schadowschen Werks in Berlin. Dass es hier steht, hat der Ort dem Bankier Ehrhardt Bödecker zu verdanken, der auch das benachbarte **Brandenburg-Preußen-Museum** begründete. Mit unzähligen Exponaten erzählt es die Geschichte des untergegangenen Staates nach – und natürlich auch die vom alten Zieten (Eichenallee 7a · (03 39 25) 7 07 98 · www.brandenburg-preussen-museum.de · Apr.–Okt. Di–So 10–18, sonst 10–17 Uhr).

km 0–7   Von Wustrau nach Karwe

Von der Bushaltestelle folgt man der Ernst-Thälmann-Straße und

Denkmal des alten Zieten in Wustrau

biegt dann links in die Zietenstraße ein. Dort befinden sich das Museum und das Zietendenkmal. Bald zweigt rechts die Straße Am Schloß ab, die zum Schloss und schließlich wieder zur Ernst-Thälmann-Straße führt. Dieser folgt man in Richtung Ruppiner See, läuft um die Südspitze herum über Altfriesack auf der L 164, bis kurz vor dem Bahnhof Wustrau-Radensleben die Ausschilderung auf eine wenig befahrene Straße nach Karwe weist. Wer stattdessen direkt am Bahnhof startet, läuft erst bis zur Landstraße L 164, dort rechts und gleich wieder in den ersten Waldweg. Kurz darauf geht es links in den Waldweg, der zur Straße nach **Karwe** führt. Hier wandert man auf der (wirklich sehr) Langen Straße am Gasthaus „Zur Kastanie" mit schönem Biergarten vorbei (Apr.–Okt. Mo/Di ab 17, Do–So ab 11 Uhr) bis zur Dorfkirche, wo links der **Gutshof** auftaucht.

Schön restauriert: die Relikte des Landsitzes derer von dem Knesebeck

Karwe

Die schön restaurierten, meist als Wohnhäuser genutzten Gebäude aus rotem Ziegelmauerwerk – Eiskeller, Pferdestall, Verwalterhaus – sind Relikte des ehemaligen Herrensitzes derer von dem Knesebeck mit einem barocken Schloss, das von Fontane ausführlich beschrieben, aber 1983 abgerissen wurde. Nicht unerwähnt bleiben soll die Anekdote, wonach sich 1785 ein Sohn des alten Zieten und einer des alten von dem Knesebeck während des Heimaturlaubs von ihren jeweiligen Regimentern trafen und auf die Idee kamen, mit Unterstützung der Dorfbewohner eine Seeschlacht zu simulieren. Was sich damals an einem schönen Augusttag auf dem Wasser abspielte, kommt heute mitunter beim Seefestival von Wustrau als „Seeschlacht zwischen Wustrau und Karwe" wieder auf die Bühne.

Von Karwe nach Wuthenow   km 7–16,5

Über das Gutsgelände gelangt man zum Seeufer und wandert nun rechts auf dem schönen Uferpfad mit dem von Fontane erwähnten Schilfgürtel weiter. Beim 2 Kilometer entfernten Örtchen **Seehof** muss man einen Bogen um das Siedlungsgebiet machen. Dann geht es an der Straße Am Hafen wieder zum Wasser und dort weiter in Richtung **Gnewikow.** Hier umgeht man wiederum das Jugenddorf, um gleich danach wieder am See mit steil ansteigendem Ufer weiterzuwandern. Mit einigen umgefallenen Bäumen mutet es mitunter wie eine kleine Wildnis an. Bei **Wuthenow** wendet man sich an einer Feriensiedlung nach rechts und läuft auf einem Wiesen- und Feldweg zur Hauptstraße von Wuthenow. Dieser folgt man rechts, um an der Kreuzung links in die Durchgangsstraße „Straße nach Wuthenow" einzubiegen, an der nach 450 Metern die Kirche steht.

Wuthenow

Leser der Fontane-Erzählung „Schach von Wuthenow" suchen hier häufig nach dem dort beschriebenen Herrenhaus und Park. Doch vergeblich: Beide sind frei erfunden. Ganz echt ist dagegen die 1873 eingeweihte, von Schinkel entworfene **Dorfkirche.**

km **Von Wuthenow nach Neuruppin**
16,5–20 Hinter der Kirche wendet man sich nach links in die Lindenallee und wandert nun dem Ufer folgend an einer Badestelle und dem Hotel „Waldfrieden" vorbei um die Wuthenower Lanke herum. Zwischendurch hat man immer wieder wunderbare Blicke auf die Türme der **Klosterkirche** von Neuruppin, die sich auf der gegenüberliegenden Uferseite erhebt. Immer am Ufer entlang geht es zum **Seedamm**, der schließlich links auf der Brücke nach **Neuruppin** hinüberführt. Dort folgt man der Steinstraße bis zur Karl-Marx-Straße, wo es rechts zum Bahnhof Rheinsberger Tor und links ins Zentrum geht.

Neuruppin

Neuruppin ist *die* Fontanestadt schlechthin. Hier erblickte der Schriftsteller 1819 im Haus der **Löwen-Apotheke** in der Karl-Marx-Straße 84 das Licht der Welt und hier verbrachte er seine Kinderjahre. Auch wenn er den größten Teil seines Lebens in Berlin und anderswo verbrachte – in Neuruppin ist er omnipräsent. An den berühmten Sohn der Stadt erinnern nicht nur ein **Denkmal** des Bildhauers Max Wiese an der Franz-Künstler-Straße und etliche Exponate im **Museum Neuruppin.** Alljährlich finden hier auch **Fontane-Festspiele** mit Theater- und Literaturveranstaltungen statt. Dabei konnte der Dichter selbst der Garnisonsstadt keineswegs nur Positives abgewinnen:

»*Ruppin hat eine schöne Lage – See, Gärten und der sogenannte ‚Wall' schließen es ein. Nach dem großen Feuer, das nur zwei Stückchen am Ost- und Westrande übrigließ (als wären von einem runden Brote die beiden Kanten übriggeblieben), wurde die Stadt in einer Art Residenzstil wieder aufgebaut. Lange, breite Straßen durchschneiden sie, nur unterbrochen durch stattliche Plätze, auf deren Areal unsere Vorvordern selbst wieder kleine Städte gebaut haben würden. Für eine reiche Residenz voll hoher Häuser und Paläste, voll Leben und Verkehr mag solche raumverschwendende Anlage die empfehlenswerteste sein, für eine kleine Provinzialstadt aber ist sie bedenklich. Sie gleicht einem auf Auswuchs gemachten großen Staatsrock, in den sich der Betreffende, weil er von Natur klein ist, nie hineinwachsen kann. Dadurch entsteht eine Öde und Leere, die zuletzt den Eindruck der Langeweile macht.«*

Ansonsten wendet sich der Dichter der 1253 erbauten **Klosterkirche St. Trinitatis** zu, Überbleibsel eines früheren Dominikanerklosters, deren Türme sich weithin sichtbar über dem Seeufer erheben – und vor allem den illustren Bewohnern der Stadt. Zu denen gehört unter anderen der Kronprinz Friedrich, der hier von 1732 bis 1736 ein Regiment führte. Abgesehen davon, dass er in Neuruppin fern vom preußischen Hof eine ausgelassene Zeit mit allerlei Streichen verbrachte, hat er Fontane zufolge auch Schönes hinterlassen.

»Kaum minder als der ‚Dienst‘ beschäftigte ihn die Verschönerung der Stadt. Daß Ruppin bis diesen Augenblick sich seines ‚Walls‘, eines prächtigen, mit schönen und zum Teil sehr alten Bäumen bepflanzten Promenadenweges erfreut, ist des Kronprinzen

Wo Fontane das Licht der Welt erblickte: die Löwen-Apotheke von Neuruppin

Die gotische Backsteinkirche ist eines der wenigen Gebäude, die den Stadtbrand überlebten

Verdienst. (…) Die Stadtwohnung läßt viel zu wünschen übrig, aber es bedrückt nicht, denn wenigstens die Sommermonate gehören dem ‚Garten am Wall'. Hier lebt er heitere, mußevolle Stunden, die Vorläufer jener berühmt gewordenen Tage von Rheinsberg und Sanssouci. Allabendlich, nach der Schwere des Dienstes, zieht es ihn nach seinem ‚Amalthea' hinaus. (…) Da blüht es und duftet es; Levkojen und Melonen werden gezogen, und auf leis ansteigender Erhöhung erhebt sich der ‚Tempel', der Vereinigungspunkt des Freundeskreises, den der Kronprinz hier allabendlich um sich versammelt.«

Dieser **Apollo-Tempel** steht noch heute im so genannten **Tempelgarten** inmitten der Neuruppiner Wallanlagen an der Präsidentenstraße. Dass er sich erhalten hat, ist vor allem Alexander Gentz und dem von ihm beauftragten Orientalistik-Architekten Carl von Diebitsch zu verdanken, der im 19. Jahrhundert auch ein Gärtnerhaus, das Nordtor sowie die **Gentzsche Villa** im orientalischen Stil entwarf, die heute ein Restaurant beherbergt (Garten Apr.–Okt. 9–20, sonst 9–17 Uhr).

Die Familie Gentz wird im Neuruppin-Kapitel ausführlich gewürdigt. Vor allem der 1822 in Neuruppin geborene und 1890 in Berlin gestorbene Maler Wilhelm Gentz, den weite Reisen nach Spanien, Marokko, Malta und Ägypten führten. Seine Eindrücke hat er in großformatigen Gemälden festgehalten, denen man im **Museum Neuruppin** begegnet (August-Bebel-Str. 14/15 · (0 33 91) 3 55 51 00 · Apr.–Dez. Mo, Do–So 10–18, Mi 10–19 Uhr). Hier, in einem klassizistischen Bürgerhaus von 1791, haben – neben Exponaten zu Fontane – auch die **Neuruppiner Bilderbogen** von Gustav Kühn überlebt: bedruckte, kolorierte Papierbogen mit Genrebildern und Szenen des damaligen Zeitgeschehens. Über diese schreibt Fontane:

»*Lange bevor die erste ‚Illustrierte Zeitung' in die Welt ging, illustrierte der Kühnsche Bilderbogen die Tagesgeschichte, und was die Hauptsache war, diese Illustration hinkte nicht langsam nach, sondern folgte den Ereignissen auf dem Fuße. Kaum dass die Tranchéen vor Antwerpen eröffnet waren, so flogen in den Druck- und Kolorierstuben zu Neuruppin die Bomben und Granaten durch die Luft (...)*«

Überragender waren für Fontane aber die Schöpfungen eines anderen Neuruppiner Zeitgenossen:

»*Unter allen bedeutenden Männern, die Ruppin, Stadt wie Grafschaft, hervorgebracht, ist Karl Friedrich Schinkel der bedeutendste. Der ‚alte Zieten' übertrifft ihn freilich an Popularität, aber die Popularität eines Mannes ist nicht immer ein Kriterium für seine Bedeutung. Diese resultiert vielmehr aus seiner reformatorischen Macht, aus dem Einfluß, den sein Leben für die Gesamtheit gewonnen hat, und diesen Maßstab angelegt, kann der ‚Vater unsrer Husaren' neben dem ‚Schöpfer unsrer Baukunst' nicht bestehn.*«

Es folgt eine ausführliche Biografie, die Schinkel sowohl als Maler als auch als Architekten würdigt. Und als Menschen, der 1781 in Neuruppin geboren wurde, etliche Jahre mit seiner verwitweten Mutter im Predigerwitwenhaus in der Fischbänkenstraße 4 wohnte, bevor er in die Welt aufbrach, um Auge und Geist zu schulen und alles in bleibende Werke einfließen zu lassen.

Beim Rundgang durch Neuruppin wird man nicht nur das sehr gelungene **Schinkel-Denkmal** am Kirchplatz entdecken, sondern auch einige nette Lokale und Spielplätze, mit denen man versucht, die „raumverschwendende Anlage" der Stadt zu beleben.

3

Vom Försterkind zum Musenhof

Start	**Ziel**	**Länge**	**Gehzeit**
Bhf. Neuruppin, Rheinsberger Tor	Boltenmühle bzw. Bhf. Rheinsberg	16 km bzw. 29 km	4,5 Std. bzw. 8 Std.

Eines der schönsten Wandergebiete Brandenburgs ist die Ruppiner Schweiz. Zwar hat sie innerhalb der Mark am wenigsten Ähnlichkeit mit der Alpenrepublik. Statt Bergen ist das Wasser ihr Lebenselement. Aber genau das hat seinen Reiz. Idyllische Seen und Flüsschen durchziehen tiefe Buchen- und Mischwälder. Außerdem bilden Anfang und Ende der Tour zwei geschichtsträchtige Städte, die eine Schlüsselstellung in den „Wanderungen durch die Mark Brandenburg" einnehmen. Wer all das gebührend auf sich wirken lassen will, sollte sich zwei Tage Zeit nehmen und unterwegs übernachten oder die Etappen in der warmen Jahreszeit mit dem Ausflugsdampfer verkürzen.

In der Ruppiner Schweiz reiht sich ein idyllischer See an den nächsten

Infos zur Tour

Hinfahrt
Bhf. Neuruppin, Rheinsberger Tor
(RE6 ab Bhf. Berlin-Spandau, stdl.,
ca. 1 Std. 5 Min.)

Rückfahrt
Ab Boltenmühle
(Fahrgastschiff Mai–Sep. tgl. um 15.30
Uhr von Boltenmühle nach Neuruppin,
Fahrzeit ca. 2 Std.)
Alternativ Bhf. Rheinsberg
(RB54 bis Löwenberg, weiter mit RE5
bis Berlin Hbf, ca. 1 Std. 50 Min.)

Streckenverlauf
Neuruppin – Alt Ruppin – Neumühle –
Molchow – Stendenitz – Rottstiel –
Boltenmühle – Binenwalde – Brauns-
berg – Rheinsberg

Streckencharakteristik
Landschaftlich sehr reizvolle Wanderung auf Waldwegen und -pfaden sowie Abschnitten auf ruhigen Straßen

Schwierigkeit
Mittelschwer, mit leichten Steigungen

Beschilderung
Von Neuruppin bis Molchow blaue Markierung (meist Querstrich und Punkt),
dann grüne Markierung, ab Stendenitz
wieder blaue Markierung

Information
Tourist-Information BürgerBahnhof
Karl-Marx-Str. 1 (beim Bhf. Rheinsberger Tor) · 16816 Neuruppin ·
(0 33 91) 45 46 0 ·
www.tourismus-neuruppin.de

Einkehren
Gasthof Boltenmühle
Im Wald 1 · 16818 Gühlen-Glienicke ·
(03 39 29) 7 05 00 ·
www.boltenmuehle.de · Tgl. 8–20 Uhr
Im Mühlenrestaurant und auf der
Terrasse werden Kaffee und Kuchen, Eis
sowie solide märkische Küche serviert.
Außerdem gibt es komfortable Zimmer
und Apartments (DZ ab 90 Euro).

Der Seehof Rheinsberg
Seestr. 18 · 16831 Rheinsberg ·
(03 39 31) 40 30 · www.seehof-rheins-
berg.de · Tgl. 12–15 und 18–21 Uhr
Stilvolles Hotel-Restaurant am Seeufer mit Hofterrasse und raffinierter,
gehobener Küche (DZ ab 100 Euro).

Baden
Badestellen am Ruppiner, Molchow-,
Tetzen-, Zermützel-, Tornow- und
Kalksee. Zudem **Seebadeanstalt
Jahnbad** in Neuruppin

Fontane Therme
(▶ Seite 25)

Schifffahrt
Fahrgastschifffahrt Neuruppin
Seepromenade 10 · 16816 Neuruppin ·
(0 33 91) 45 46 0 · www.schifffahrt-
neuruppin.de ·
Fahrten zwischen Neuruppin und Boltenmühle Apr./Okt. Di/Do, Mai–Sep.
tgl., Fahrzeit ca. 2 Std.

Tourenkombination
Die Tour lässt sich gut mit Tour 2
(▶ Seite 24) sowie mit Tour 4 um den
Stechlinsee (▶ Seite 46) kombinieren.

>» *Und fragst du doch: ‚Den vollsten Reiz,*
> *Wo birgt ihn die Ruppiner Schweiz?*
> *Ist's norderwärts in Rheinsbergs Näh?*
> *Ist's süderwärts am Molchow-See?*
> *Ist's Rottstiel tief im Grunde kühl?*
> *Ist's Kunsterspring, ist's Boltenmühl?*
> *Ist's Boltenmühl, ist's Kunsterspring?*
> *Birgt Pfefferteich den Zauberring?*
> *Ist's Binenwalde?'* – *Nein, o nein,*
> *Wohin du kommst, da wird es sein,*
> *An jeder Stelle gleichen Reiz*
> *Erschließt dir die Ruppiner Schweiz.*«

Mit diesen Zeilen stimmt Fontane seine Leser auf die folgende Wanderung ein, bei der man tatsächlich den Reiz der genannten Orte überprüfen kann.

km 0–3,6   Von Neuruppin nach Alt Ruppin
Ausgangspunkt ist der Bahnhof Rheinsberger Tor in Neuruppin. Hier überquert man die Gleise und läuft auf der Karl-Marx-Straße beziehungsweise der Straße des Friedens in östlicher Richtung stadtauswärts, bis rechts die Güntherstraße abzweigt. Auf ihr gelangt man zur Hans-Thröner-Straße, auf der es links und dann wieder rechts Richtung Seeufer geht. Zwischen Kleingärten und Wasser gelangt man zum „Jahnbad", einer Badeanstalt mit schöner Liegewiese. Ab nun wandert man auf einem besonders schönen, schmalen Pfad durch den Stadtpark am Seeufer weiter, immer der blauen Markierung folgend, bis die ersten Häuser von **Alt Ruppin** auftauchen.

Alt Ruppin

Schön gelegen an der Nordspitze des **Ruppiner Sees** geht Alt Ruppin auf eine mittelalterliche Burg zurück. Weithin sichtbar sind die Türmchen der ursprünglich romanischen **Nikolaikirche** aus dem 13. Jahrhundert, die sich über dem Ort erheben.

km 3,6–7   Von Alt Ruppin nach Molchow
Man durchquert die ersten Siedlungsausläufer und gelangt im leichten Linksbogen zur Bundesstraße, die man überquert und weiter geradeaus einen Kilometer auf dem Neumühler Weg nach Neu-

mühle läuft. An der Schleuse passiert man rechts die Brücke über den Kanal und folgt danach ein kurzes Stück der asphaltierten Straße, bis schräg links ein Privatweg abzweigt. Dieser führt an Gartenhäusern am See vorbei und schließlich rechts herum, wobei man auf diesem Weg weiter geradeaus in Richtung asphaltierte Straße wandert. Kurz vor der Straße weist die **blaue Markierung** links auf einen schmalen Weg nach Molchow. Nun läuft man am **Molchowsee,** einem von idyllischem Grün und Schilf gesäumten Gewässer mit ausgezeichneter Wasserqualität, entlang, um bei einer Badestelle mit überdachtem Rastplatz den Ort zu erreichen. Man folgt der ruhigen Altruppiner Straße ins Zentrum des verträumten Rundlingsdorfs **Molchow,** wo links der Dorfplatz mit einem **Kriegerdenkmal** und einem bemerkenswerten **Glockenturm** von 1692 liegt.

Der Fontaneweg führt um den Tornowsee

Molchow

»*Alles hell und licht, ausgenommen ein rondellartiger Grasplatz inmitten des Dorfs. Auf ihm wird begraben, mehr in Unkraut als in Blumen hinein, und aus der Mitte dieses Platzes wächst ein Turm auf, unheimlich und grotesk, als hab ihn ein Schilderhaus mit einer alten Windmühle gezeugt. Von beiden etwas. Und unheimlich wie der Turm, so auch die alte Glocke, die in ihm hängt. ,Ave Maria, gratia plena' steht an dem obern Rande, die Glocke selbst aber ist geborsten, und ihre Inschrift war ihr kein Talisman.*«

Von Molchow nach Stendenitz　　　　　　　　　　km 7–10,7
Zurück an der Kreuzung Altruppiner Straße läuft man weiter geradeaus, nun der **grünen Markierung** folgend, am Ostufer des **Tetzensees** entlang. Auf einem breiten Fahrweg geht es an letzten Grundstücken aus dem Ort hinaus, wo einen schöner, hoher Misch-

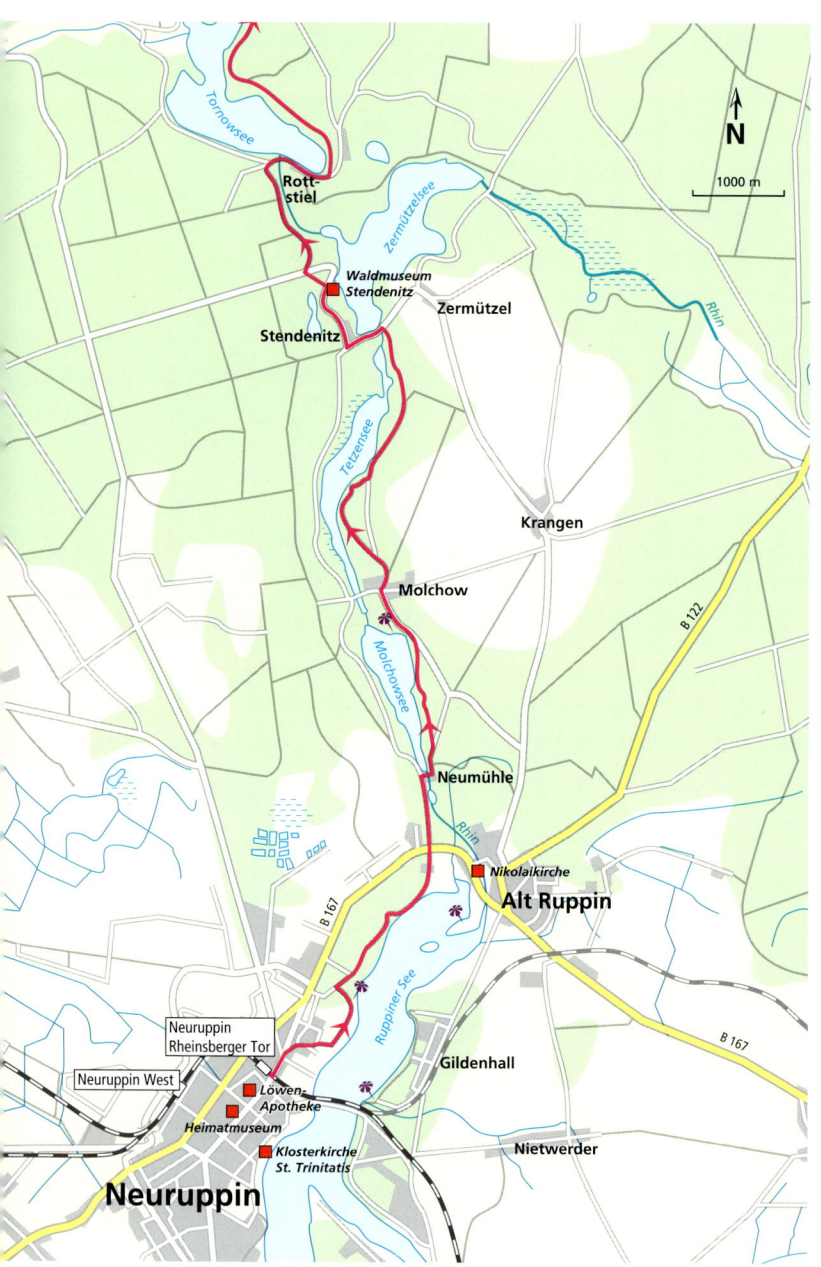

wald empfängt. Nach rund 2 Kilometern kündigen wiederum Gartengrundstücke die Nähe von **Zermützel** an. Bevor man jedoch den Ort erreicht, zweigt links der Weg über eine Brücke ab. Rechts liegt schon wieder das nächste Gewässer, der große, weite **Zermützelsee.** Wandert man – jetzt wieder der **blauen Markierung** folgend – ein Stück um das Südufer herum, gelangt man kurz darauf nach **Stendenitz.**

Stendenitz

Das ursprüngliche Waldrevier um Stendenitz hatte Friedrich der Große zu kolonisieren versucht. Fontane zufolge ohne Erfolg:

>»*Die Kärglichkeit unserer märkischen Scholle kann nicht leicht irgendwo besser studiert werden als an dieser Stelle.*«

Heutige Wanderer dagegen sind meist angenehm überrascht von der idyllischen Waldlandschaft und der originell restaurierten Waldschenke. Ein Stück weiter können sie noch einen Blick in das **Waldmuseum** werfen. Oberförster Zander soll all das zusammengetragen haben, was in dem um 1936 in russischem Stil erbauten Blockhaus zum Thema „Lebensraum Wald" zu sehen ist (Mai–Mitte Okt. Mi–So 10–17 Uhr).

km
10,7–16

Von Stendenitz zur Boltenmühle

Zurück auf dem Wanderweg setzt sich der Weg geradeaus fort. Die nächste Abzweigung nach Zanderblick und Kunsterspring lässt man links liegen und wandert weiter in Richtung Rottstiel auf breitem, mit Kopfsteinen gepflastertem Weg am **Rottstielfließ** entlang, zu dem sich der Zermützelsee schließlich verengt. Nach gut 2 Kilometern erreicht man die Wanderreitstation Rottstiel am Tornowsee. Ursprünglich stand hier eine Mühle, die später zum Forsthaus wurde, das auch Fontane erwähnt. Hier läuft man – statt links dem Hinweisschild zur Boltenmühle zu folgen – rechts auf dem **Fontaneweg** weiter. An einem Campingplatz vorbei geht es der **blauen Markierung** folgend immer am Ufer des **Tornowsees** entlang. Zwischendurch verlässt man den breiten Fahrweg, um links einen der schönsten Abschnitte der Wanderung zu beschreiten: Auf und ab geht es, immer leicht erhöht über dem Seeufer durch wunderschönen Buchenwald, wo hin und wieder Bänke oder Badestellen zur Pause einladen. Noch einmal muss man sich zwischendurch links halten, bevor man schließlich die **Mühle** erreicht.

Boltenmühle

Zu Fontanes Zeiten existierte die Boltenmühle bereits. Doch verliert er nicht viele Worte über sie. 1718 als Sägemühle errichtet, wurde das Gebäude im Fachwerkstil 1992 von einem Brand vernichtet und wieder aufgebaut. So romantisch es am rauschenden Binenbach sein mag – an warmen Tagen bevölkert so manche Reisegruppe die Terrasse des Ausflugslokals. Müde Wanderer können in der warmen Jahreszeit von hier mit dem **Ausflugsdampfer** nach Neuruppin zurückfahren oder eine Übernachtung einlegen.

Von der Boltenmühle nach Binenwalde

Von der Boltenmühle geht es auf dem **Rundwanderweg Binenbach** weiter, der auf schmalem Pfad dem wildromantischen Bächlein folgt. Noch einmal gilt es ordentlich bergauf und bergab zu steigen, bevor man der Markierung „Binenbachrundweg" folgend zum Ufer des **Kalksees** gelangt. Dort hält man sich rechts und gelangt auf wenig befahrener Straße in den Ort.

km
16–17,5

Am rauschenden Bach: das beliebte Ausflugsziel Boltenmühle

Naturbelassen: der Binenbach

Binenwalde

Idyllisch schmiegt sich Binenwalde an den Kalksee, ein weiterer landschaftlicher Höhepunkt der Tour. Doch den Autor interessierte der Ort aus einem anderem Grund:

»Auch die ‚Historie' ist leisen Fußes durch diese Gegenden hingeschritten und erzählt von Kronprinz Fritz und seiner Liebe zum schönen Försterkinde von Binenwalde. Von Rheinsberg aus herüberkommend, gab er im Abenddämmer das wohlbekannte Zeichen nach dem mitten im See gelegenen Forsthaus hinüber, und nicht lange, so glitt ein Kahn aus dem Schilfgürtel hervor und der Stelle zu, wo der Prinz, unter den Zweigen einer überhängenden Buche, die schöne Sabine, das ‚Insel- und Försterkind', erwartete.«

An diese Legende erinnert ein etwas verstecktes **Denkmal** oberhalb der Bushaltestelle – unweit vom fast ebenso legendären Dorfgasthaus Hacker, das leider nur noch unregelmäßig Gäste bewirtet.

km	
17,5–29	**Von Binenwalde nach Rheinsberg**

Am Dorfgasthof läuft man vorbei und gleich danach rechts auf einer Kopfsteinpflasterstraße entlang, bis rechts der Feldweg in Richtung Braunsberg/Rheinsberg abzweigt. Jetzt zeigt sich ein völlig anderes Bild. Anstelle der Buchen- und Laubwälder und idyllischen Seen der Ruppiner Schweiz schweift der Blick in die Weite des **Ruppiner Lands** mit sanft gewellten Feldern, Wiesen und Kiefernhainen. Nach etwa 3 Kilometern ist **Braunsberg** erreicht, wo es rechts ins Zentrum geht. Der Abstecher lohnt nur, wenn man sich damit begnügen will, die hübsche, meist verschlossene **Fachwerkkirche** von außen anzusehen. Auch der Dichter konnte dem Dorf offensichtlich nicht viel abgewinnen:

»Einzelne dieser Ortschaften (zum Beispiel Braunsberg) sind von französischen Kolonisten bewohnt, die berufen waren, ihre Loire-Heimat zu vergessen. Harte Aufgabe.«

Vom Ortsrand läuft man der Ausschilderung folgend knapp 50 Meter auf der Straße nach links und biegt dann rechts in einen mit Kopfsteinen gepflasterten Feldweg ein. Auf dem geht es nun 4 Kilometer immer geradeaus, erst durch Felder, dann durch Kiefern- und Mischwald zu den **Krähenbergen,** wo links ein Sendemast steht. Man könnte jetzt auch der kopfsteingepflasterten Straße nach Rheinsberg folgen, doch schöner ist der **blau markierte,** zickzack verlaufende Weg, der jetzt rechts in Richtung **Hellberge** führt. Auf und ab geht es durch Waldlandschaft, wobei man aufpassen muss, dass man an der Abzweigung, wo es steil bergab und auf der anderen Seite wieder hoch geht, vor dem Anstieg links abbiegt. Wenn sich der Wald lichtet, gelangt man in eine schöne, leicht hügelige Wiesen- und Weidelandschaft, wobei einen die Beschilderung einmal nach rechts und dann wieder im spitzen Winkel nach links weist. Bald erblickt man den **Wartturm,** der sich links zwischen Bäumen auf einem Hügel erhebt. Der in freundlichem Beige-Rosé angestrichene Sechseckturm in gotischem Stil stammt aus dem 18. Jahrhundert, wird auch Leuchtturm genannt und bietet ein wunderbares Panorama. Allerdings muss man sich den Schlüssel in der Pension & Kutscherstube „Zum Rheinsberger Leuchtturm" abholen, die circa 1 Kilometer weiter auf dem Weg nach Rheinsberg liegt. Vom Wartturm aus läuft man weiter durch den Wald und dann an der Pension und ersten Häusern vorbei. Entlang an der mehr als 100-jährigen **Holländermühle,** die heute ein Ausflugsrestaurant ist, wandert man weiter in Richtung Zentrum. Immer der Schwanower Straße folgend gelangt man schließlich zur Lindenallee, danach links zum **Fontaneplatz** und weiter zum **Schloss Rheinsberg** (www.spsg.de · Apr.–Okt. Di–So 10–17, Winter Di–So 10–16 Uhr). Wer direkt zum Bahnhof will, biegt vorher von der Schwanower Straße rechts in den Rhinhöher Weg ein und gelangt über den Damaschkeweg zum Bahnhof.

Rheinsberg

Schloss Rheinsberg hat Fontane nicht allein in seinen Kindheitstagen lieb gewonnen. Die Erinnerung daran wurde überhaupt zur Initialzündung seiner „Wanderungen". Entsprechend ausführlich ist das Kapitel ausgefallen, das er dem Schloss widmet. Nachdem er bei seiner Ankunft in Rheinsberg erstmal ein ausgiebiges Frühstück im Ratskeller eingenommen hat, nähert er sich dem Gebäude zunächst vom Boot aus und erlebt es folgendermaßen:

»*Erst der glatte Wasserspiegel, an seinem Ufer ein Kranz von Schilf und Nymphäen, dahinter ansteigend ein frischer Gartenrasen und endlich das Schloß selbst, die Fernsicht schließend. Nach links hin dehnt sich der See; wohin wir blicken, ein Reichtum von Wasser und Wald, die Bäume nur manchmal gelichtet, um uns irgendein Denkmal auf den stillen Grasplätzen des Parks oder eine Marmorfigur oder einen ,Tempel' zu zeigen.*«

Anschließend besichtigt er das Innere. Von den Räumen des Kronprinzen Friedrich beeindruckt ihn vor allem der Konzertsaal:

»*Er ist etwa vierzig Fuß lang, fast ebenso breit und vortrefflich erhalten. Die Wände sind von Stuck und die Fensterpfeiler mit Spiegeln und Goldrahmen reich verziert; eine Hauptsehenswürdigkeit aber ist das große Deckengemälde von Pesne, das dieser, nach einem den Ovidschen ,Metamorphosen' entlehnten Vorwurf, im Jahre 1739 hier ausführte. Der Grundgedanke ist: ,die aufgehende Sonne vertreibt die Schatten der Finsternis' oder, wie einige es ausgelegt haben, ,der junge Leuchteprinz vertreibt den König Griesegram.'*«

Tatsächlich soll Friedrich der Große in Rheinsberg fern von Friedrich Wilhelm I., dem gestrengen Vater, seine glücklichsten Jahre verbracht haben. Er spielte Flöte, komponierte und verbrachte eine weitgehend unbeschwerte Zeit, während er sich auf die spätere Staatsführung vorbereitete. Doch darüber berichtet Fontane wenig. Ihm geht es hier vor allem darum, Friedrichs Bruder, Prinz Heinrich, Gerechtigkeit widerfahren zu lassen. Fast ein halbes Jahrhundert lang residierte er in Rheinsberg, gestaltete das Schloss mit Hilfe von Georg Wenzeslaus von Knobelsdorff im Stil des friderizianischen Rokoko und machte aus ihm einen regelrechten Musenhof, fand aber Fontane zufolge viel zu wenig Beachtung. Umso ausführlicher beschreibt dieser nun Heinrichs dortiges Leben. Eine wichtige Rolle spielte dabei der Park mit dem heute noch existierenden Heckentheater und der Grabpyramide, in der der Prinz auf eigenen Wunsch hin bestattet wurde:

»*Er umzieht in weitem Halbkreise die linke Hälfte des Sees und geht am jenseitigen Ufer unmittelbar in die schönen Laubholzpartien des Boberow-Waldes über. Der Park ist eine glückliche Mischung von französischem und englischem Geschmack (…). Man passiert, abwechselnd dicht am See hin und mal wieder sich von ihm entfernend, die herkömmlichen Schaustücke solcher Parkanlage: Säulentempel, künstliche Ruinen, bemooste Steinbänke, Sta-*

tuen (darunter einige von großer Schönheit), und gelangt endlich bis an den sogenannten Freundschaftstempel, der bereits am jenseitigen Ufer des Sees, im Boberow-Walde, gelegen ist. In diesem Freundschaftstempel pflegte der Prinz zu speisen, wenn das Wetter eine Fahrt über den See zuließ.«

Natürlich konnte Fontane nicht ahnen, dass auch der Schriftsteller Kurt Tucholsky einmal eine unbeschwerte Zeit mit seiner späteren Frau Else Weil in Rheinsberg verbringen sollte. An sie erinnert heute ein kleines **Museum** im Schloss. Dies sollten sich Interessierte, bevor sie auf der Berliner Straße zum rund 500 Meter entfernten Bahnhof laufen, ebenso wenig entgehen lassen wie das Städtchen selbst mit seinen ein- und zweigeschossigen Traufenhäusern aus dem 18. Jahrhundert, der frühgotischen Pfarrkirche **St. Laurentius** und dem **Keramikmuseum,** das davon zeugt, dass die 1762 in Rheinsberg begründeten Keramikmanufakturen einst zu den bedeutendsten in Preußen gehörten (Kirchplatz 1 · (03 39 31) 3 76 31 · www.museum-rheinsberg.de · Feb.–Juni Mi–Fr 12–17, Sa 10–17, Juli/Aug. Mo, Mi–So 10–18 Uhr, im Winter verkürzt).

Die Erinnerung an Schloss Rheinsberg gab Fontane den Anstoß zu den „Wanderungen"

4 Besuch bei einem Romanhelden namens Stechlinsee

Start	Ziel	Länge	Gehzeit
Haltestelle Neu-globsow	Haltestelle Neu-globsow	14 km	4 Std.

Um die hundert Seen gibt es im Naturpark Stechlin-Ruppiner Land. Doch der Stechlinsee ist der klarste, tiefste und schönste. Nicht zufällig hat ihm Fontane in seinem Alterswerk „Der Stechlin" ein würdiges literarisches Denkmal gesetzt. Die Legenden, die sich um das geheimnisvolle Gewässer ranken, begleiten einen bei der Rundwanderung ebenso wie die mächtigen Buchen, die am Ufer stehen. Nicht versäumen sollte man dabei einen Besuch in der Fischerei Stechlinsee, wo bereits mehrere Generationen Schmackhaftes aus dem Wasser holen und gleich an Ort und Stelle auftischen. Ansonsten können ein Rundgang durch Neuglobsow, eine Ruderpartie oder ein erfrischendes Bad die Tour beschließen.

Dem sagenumwobenen Stechlinsee hat Fontane ein literarisches Denkmal gesetzt

Infos zur Tour

Hinfahrt

Haltestelle Neuglobsow
(RE5 ab Berlin Hbf bis Bhf. Fürstenberg, dann Bus 839, Mo–Fr. ca. alle 2
Std., Sa/So nur als Rufbus mit Anmel-
dung ((0 33 06) 23 07),
ca. 1 Std. 30 Min.)

Rückfahrt

Haltestelle Neuglobsow
(Mo–Fr Bus 836 bis Bhf. Gransee, dann
RE5 bis Berlin Hbf, mehrmals tgl., ca.
1 Std. 30 Min., Sa/So Bus 839 (nur als
Rufbus) bis Bhf. Fürstenberg, dann
RE5 bis Berlin Hbf, alle 2 Std., ca. 1
Std. 30 Min.)

Streckenverlauf

Neuglobsow – Fischerei – Sonnenbucht – Polzowkanal – Neuglobsow

Streckencharakteristik

Landschaftlich reizvolle Waldwege,
großenteils am Ufer des Großen
Stechlinsees

Schwierigkeit

Einfach

Beschilderung

Lokale Ausschilderung „Stechlinsee-
Rundweg", außerdem erst blauer,
dann grüner, dann roter Querstrich

Information

Touristinformation Stechlin
Stechlinseestr. 21 · 16775 Stechlin
(OT Neuglobsow) · (03 30 82) 7 02 02 ·
www.stechlin.de ·
Mai–Okt. tgl. mind. 10–15 Uhr, im
Winter verkürzt
Neben Informationen und Zimmerver-

mittlung gibt es in dem über 250 Jahre
alten Glasmacherhaus auch eine gut
gemachte Ausstellung zu sehen.

Einkehren

Gaststätte und Pension Fontanehaus
Fontanestr. 1 · 16775 Stechlin (OT
Neuglobsow) · (03 30 82) 64 90 ·
www.fontanehaus.com ·
Mi–Mo ab 11.30 Uhr
In dem um 1770 erbauten Fachwerk-
haus ist schon Fontane eingekehrt.
Spezialität ist der „Fontaneschmaus",
Rindsroulade mit Porree und Beilagen.

Fischerei Stechlinsee
Fischerweg 3 ·
16775 Stechlin (OT Neuglobsow) ·
(03 30 82) 7 04 22 ·
www.fischerei-stechlinsee.de ·
Di–So, Fei 10–18 Uhr
Authentische Einkehrmöglichkeit in
der alten Fischerhütte, die seit mehreren Generationen von Familie Böttcher
geführt wird. Angeboten werden
frischer und geräucherter Fisch.

Baden

Strand und mehrere Badestellen am See

Bootsverleih

Bootsverleih Stechlin
Zur Alten Fischerhütte 1a ·
16775 Stechlin (OT Neuglobsow) ·
(03 30 82) 67 99 78 ·
www.bootsverleih-stechlin.de

Tourenerweiterung

Wer will, kann nach Dagow, entlang
des Peetschsees und anschließend ins
circa 10 Kilometer entfernte Fürstenberg weiterlaufen.

Neuglobsow

Dass **Neuglobsow** ein beliebter Erholungsort mit diversen Einkehrmöglichkeiten, Beherbergungsbetrieben, Tauchbasis und Bootsverleih ist, hat das Dorf vor allem Fontane zu verdanken. Nachdem er bei seinem Besuch im Jahr 1873 von der Schönheit des Sees besonders eingenommen war, setzte er dem See insbesondere in seinem Alterswerk „Der Stechlin" ein literarisches Denkmal und machte die Öffentlichkeit dadurch auf den See aufmerksam. Kaum dass der Roman 1898 erschienen war, kamen die ersten Neugierigen. Einige der Sommerfrischler ließen sich auch bald stolze Domizile wie die **Villa Bernadotte** errichten, die manche Fontane-Leser fälschlicherweise für das „Schloss Stechlin" aus dem Roman halten. So sollen die Grundstückspreise zwischen 1903 und 1910 von 60 Pfennig auf sechs Goldmark gestiegen sein. Dabei war Neuglobsow ursprünglich ein ärmliches Glasmacherdorf mit harten Lebensbedingungen. Das veranschaulicht nicht nur die gut gemachte **Ausstellung** in der **Touristeninformation.** Auch Fontane gibt in seinen „Wanderungen" eine Ahnung davon:

»*Das Revier, das uns hier aufnahm, war das Revier der Glashütten, die wie Squatter-Ansiedlungen am Waldsaume lagen. Hütte neben Hütte; sonst nichts sichtbar als der Rauch, der über die Dächer zog. Nur bei der Globsower Glashütte, die (hart an einer Buchtung des Großen Stechlin gelegen) einen weitverzweigten Handel treibt mit Retorten und Glaskolben, nur hier herrschte Leben, am meisten in der schattigen Allee, die, von den Wohn- und Arbeitshütten her, zur Ladestelle hinunterführte. Hier spielten Kinder Krieg und fochten ihre Fehde mit Kastanien aus, die zahlreich in halb aufgeplatzten Schalen unter den Bäumen lagen.*«

Mit den Eindrücken vom Dorf kontrastieren die, die der See beim Wanderer auslöste:

»*Da lag er vor uns, der buchtenreiche See, geheimnisvoll, einem Stummen gleich, den es zu sprechen drängt. Aber die ungelöste Zunge weigert ihm den Dienst, und was er sagen will, bleibt ungesagt. Und nun setzten wir uns an den Rand eines Vorsprungs und horchten auf die Stille. Die blieb, wie sie war: kein Boot, kein Vogel; auch kein Gewölk. Nur Grün und Blau und Sonne.*«

So kann man den See auch heute noch erleben, wenn man ihn umrundet. Von den rund hundert Seen im **Naturpark Stechlin-Ruppiner Land** ist er sicher der schönste und vor allem der klarste.

kuhl

P e l z -

räumde

Peetsch-
see

M e n z e r

H e i d e

Großer

Stechlinsee

Dagow

Neu-
globsow

Fischerei

m. AKW
insberg

kanal

Polzow-

Leibnitz-Institut

N

500 m

Still ruht der See? Laut Fontane kann der Stechlinsee überaus launenhaft sein

Schließlich soll sich sein Name auch vom slawischen Wort „Steklo" für Glas herleiten. Tatsächlich hat das rund 70 Meter tiefe Gewässer Brandenburgs sogar Trinkwasserqualität.

km 0–0,5 **Von Neuglobsow bis zur Fischerei Stechlinsee**
Die Wanderung beginnt im Ortszentrum von Neuglobsow, wo man auf der Stechlinseestraße in Richtung Seeufer läuft. Informationstafeln weisen auf den **Rundweg** hin. Er lässt sich in beiden Richtungen begehen, üblich ist die Wanderung gegen den Uhrzeigersinn. Dazu folgt man am Seeufer der Ausschilderung nach rechts und läuft immer am Ufer entlang. So gelangt man zur Fischerei Stechlinsee.

Rund um die Fischerei Stechlinsee

Die Umgebung um die Fischerei ist in mehrfacher Hinsicht interessant. Nicht allein wegen des guten Essens und der **Mordbuche,** die dort an eine grausige Geschichte erinnert: 1903 soll ein junger Förster, der in die Tochter des Oberförsters verliebt war, diese während ihrer Hochzeit erschossen und sich danach selbst das

Leben genommen haben, was einer der Anwesenden in der dortigen Buche verewigt hat. Hier erinnert auch der **rote Hahn,** Symbol des Stechlinsees, an eine alte Sage, die auch Fontane aufgreift:

»*,Wie still er daliegt, der Stechlin', hob unser Führer und Gastfreund an, ,aber die Leute hier herum wissen von ihm zu erzählen. (…) Er geht 400 Fuß tief, und an mehr als einer Stelle findet das Senkblei keinen Grund. Und Launen hat er, und man muss ihn ausstudieren wie eine Frau. Dies kann er leiden und jenes nicht, und mitunter liegt das, was ihm schmeichelt, und das, was ihn ärgert, keine Handbreit auseinander. Die Fischer, selbstverständlich, kennen ihn am besten. Hier dürfen sie das Netz ziehen, und an seiner Oberfläche bleibt alles klar und heiter, aber zehn Schritte weiter will er's nicht haben, aus bloßem Eigensinn, und sein Antlitz runzelt und verdunkelt sich, und ein Murren klingt herauf. Dann ist es Zeit, ihn zu meiden und das Ufer aufzusuchen.'*«

Tatsächlich können die Fischer, die seit mehreren Generationen allerlei aus dem Wasser holen und auftischen, bestätigen, dass der See tückisch und die Ruhe, die er ausstrahlt, trügerisch ist. Besondere Spezialität der Fischerei und einzigartig sind übrigens die Stechlin-Maränen – eine Art, die ebenso wie die Kieselalge „Cyclotella tripartita" nirgendwo sonst vorkommt.

Von der Fischerei rund um den See und zurück nach Neuglobsow km
Von der Fischerei geht es nun gemütlich zwischen Buchen und meh- 0,5–14
reren Badestellen zur 3,5 Kilometer entfernten **Sonnenbucht** an
der Nordspitze des Sees. Von hier aus wandert man der Markierung
mit dem grünen Querstrich folgend gut 5 Kilometer weiter am Ufer
in südlicher Richtung durch die **Menzer Heide** zur westlichen Spitze des Sees, wo sich ehemals das **Kernkraftwerk Rheinsberg** befand, von dem noch die Schornsteine durch das dichte Grün lugen.
Hat man die Brücke über den Kanal passiert, führt der Weg mit der
roten Markierung rechts ca. 1,5 Kilometer abseits des Ufers durch
Kiefernwald und weiter zum **Polzowkanal.** Nach Überquerung der
Brücke folgt man wieder den Wegweisern, die am Seeufer und dem
Leibniz-Institut für Gewässerökologie und Binnenfischerei vorbei
nach 3 Kilometern nach **Neuglobsow** zurückführen. Hier kann man
die Tour nun mit einem erfrischenden Bad, einer Ruderpartie oder
einer guten Fischmahlzeit beschließen.

Das Oderland

(Band 2, 1863)

Zum Schlossensemble von Neuhardenberg gehört auch eine Orangerie ▶ Seite 86

Das Gebiet, über das Fontane im Band „Oderland" schreibt, ist durchsetzt mit geschichtsträchtigen Orten wie Küstrin oder Kunersdorf. Leider wurde hier vieles zerstört und das flache Land eignet sich nur bedingt zum Wandern. Ausnahmen sind die überaus reizvollen, bergigen Landschaften um Bad Freienwalde und die Märkische Schweiz. Hier Fontanes Spuren zu folgen, verspricht vollkommenen Naturgenuss. Dasselbe gilt für Chorin, das von Fontane zwar in seinem Band „Havelland" behandelt wird, aber geografisch in die „Oderland"-Region gehört. Diese Wanderung führt nicht nur zum berühmten Zisterzienserkloster, sondern auch zu den Resten des Ursprungsklosters am Parsteiner See.

5 *Reizvolle Trümmer und ein märchenhafter Prachtbau*

Start	**Ziel**	**Länge**	**Gehzeit**
Bhf. Chorin	Bhf. Chorin	20 km	5,5 Std.

Heutige Besucher sind meist bezaubert von Kloster Chorin, einem Meisterwerk der Frühgotik. Nicht so Fontane, bei dem die Ruine eher zwiespältige Gefühle auslöste – womöglich, weil er sie kränkelnd an einem eher trüben Herbsttag besuchte. Auch für die hügelige Landschaft des Biosphärenreservats Schorfheide-Chorin mit ausgedehnten Wäldern, Feldern, Seen und Kesselmooren konnte er sich nicht sonderlich erwärmen. Wie reizvoll sie in Wirklichkeit ist, kann man auf der Wanderung zu den Resten des ursprünglichen Klosters Mariensee und durch das Ökodorf Brodowin mit dem größten Demeter-Betrieb Deutschlands erleben und schließlich angesichts der Klosterruine des Dichters Worte auf die Goldwaage legen.

Kloster Chorin: Für Fontane eine baulich schöne Ruine, der das eigentlich Malerische abging

Infos zur Tour

Hinfahrt
Bhf. Chorin
(RE3 stdl. ab Berlin Hbf,
ca. 1 Std. 5 Min.)

Rückfahrt
Bhf. Chorin
(RE3 stdl. bis Berlin Hbf,
ca. 1 Std. 5 Min.)

Streckenverlauf
Chorin – Brodowin – Pehlitz –
Pehlitzwerder – Brodowin – Kloster
Chorin – Chorin

Streckencharakteristik
Landschaftlich reizvolle Wanderung
auf Wald- und Feldwegen mit einem
großen Anteil an Hartbelag

Schwierigkeit
Einfache Wanderung mit leichten
Steigungen

Beschilderung
Roter Balken, in der zweiten Hälfte
blauer Balken (E11) und lokale Ausschilderung

Information
**Tourismusinformation
Schorfheide-Chorin**
Bahnhofstr. 2 · 16230 Chorin ·
(0 33 36) 53 00 53 ·
www.schorfheidechorin.info

Einkehren
Hofladen
Brodowiner Dorfstr. 89 ·
16230 Chorin (OT Brodowin) ·
(03 33 62) 6 00 22 · www.brodowin.de ·
Apr.–Okt. tgl. 9–18 Uhr,

Nov.–März tgl. 10–17 Uhr
Guter Kaffee und schmackhafte
Speisen in Bio-Qualität mit Demeter-
Produkten.

Landgasthaus Schwarzer Adler
Dorfstr. 80 · 16230 Chorin (OT Brodo-
win) · (03 33 62) 7 12 40 ·
www.schwarzer-adler-brodowin.de ·
Tgl. ab 11 Uhr
Gute, regionale Küche zu sehr fairen
Preisen. Auch mit Pension.

Kloster-Café
Im Kloster Chorin ·
Amt Chorin 11a · 16230 Chorin ·
(03 33 66) 53 80 80 ·
Apr.–Okt. tgl. 10–18,
Nov.–Dez. Sa/So 10–16 Uhr
Sehr schöne Terrasse, Eisspeziali-
täten, kleine Speisen aus Biopro-
dukten und hausgemachter Kuchen.

Sehenswertes
Kloster Chorin
Amt Chorin 11a · 16230 Chorin ·
(03 33 66) 7 03 77 ·
www.kloster-chorin.org ·
Sommer 9–18, Winter 10–16 Uhr

Baden
Badestellen am Amtssee und Parsteiner See

Tipp
Die Tour lässt sich auch gut mit dem
Fahrrad unternehmen, wobei zu
beachten ist, dass es streckenweise
über sehr holperiges Kopfsteinpflas-
ter geht. Leihräder gibt es am hübsch
renovierten Bahnhof von Chorin.

km 0–7,5   **Vom Bahnhof Chorin nach Brodowin**

Vom Bahnhof Chorin läuft man auf der Choriner Bahnhofstraße nach rechts, folgt dann der Choriner Dorfstraße nach links und gelangt schließlich auf der Triftstraße der lokalen Ausschilderung nach Brodowin und der Markierung folgend aus dem Ort hinaus in den Wald. Zunächst geht es auf einer ruhigen, kopfsteingepflasterten Straße bis zur B2 durch Buchen- und Mischwald. Wenn man die Bundesstraße überquert hat, führt ein befestigter Waldweg durch den **Nettelgraben** in Richtung **Brodowin.** Bevor man den Ort erreicht, geht es auf einem Fahrrad- und Fußweg an der Straße entlang im Bogen um den **Weißensee** herum. Links und rechts schweift der Blick über Felder und Wiesen, wo die glücklichen Kühe des Ökodorfs weiden. Dann sieht man auch bald rechts am Weg die **Schaumolkerei** und den Hofladen. An ihnen vorbei gelangt man in den langgestreckten Ort.

Brodowin

Heute macht Brodowin mit seinen relativ niedrigen Häusern und einem Landgasthof einen sehr aufgeräumten Eindruck. Dem Ort ist nicht unbedingt anzusehen, dass er als **Ökodorf** Deutschlands erster und erfolgreich arbeitender Demeter-Betrieb ist. Den Mittelpunkt bildet die alles überragende **Stülerkirche,** die Friedrich August Stüler um die Mitte des 19. Jahrhunderts in neugotischem Stil errichtete. Sie besteht aus einer raffinierten Mischung aus Feldsteinen und Ziegelmauerwerk und ist mit ihrem schlichten Innenraum auch Kulisse für den „Brodowiner Kirchensommer" mit Konzerten, Theater- und Literaturveranstaltungen.

km 7,5–11,9   **Von Brodowin nach Pehlitzwerder**

Wenige Meter hinter der Kirche hat die Brodowiner Dorfstraße einen Abzweig nach links, der nach Pehlitz führt. Jetzt geht es auf kurvenreicher Strecke auf straßenbegleitendem Weg durch die sanft gewellte Landschaft des **Biosphärenreservats Schorfheide-Chorin,** wo Büsche und Obstbäume Akzente inmitten von Wiesen und Weiden setzen. Schließlich erreicht man nach einigem Auf und Ab den kleinen Weiler **Pehlitz.** An einem weiteren Hofladen vorbei geht es circa 1 Kilometer weiter an der Landstraße entlang, dann sieht man links das Hinweisschild zum Naturcampingplatz Pehlitzwerder, wo eine Schranke den Autoverkehr fernhält. Man läuft auf das Gelände,

Parsteiner See

Pehlitz-
werder

Pehlitz

Kleiner
Rummelsberg

Wesensee

Brodowin

Brodowinsee

Hofladen
Brodowin

Weißer
See

Großer
Plagesee

Nettelgraben

Kloster Chorin

Amts-
see

Chorin

Hotel
Haus Chorin

Sandkrug

Chorin

N

500 m

Von der Mole, die der Dichter beschreibt, ist nichts mehr zu sehen

über das sich viele Dauercamper in dichtem Grün verteilen. Der **Parsteiner See** mit einer schönen Badestelle – der Campingplatz liegt auf der Halbinsel **Pehlitzwerder** – ist zunächst kaum zu erkennen. Hinter den Sanitärhäusern und einer Picknickwiese verstecken sich rechts hinter Büschen die nur aus ein paar Steinmäuerchen bestehenden Überreste des **Klosters Mariensee,** das 1258 gegründet und bald darauf wieder aufgegeben wurde. Über die schrieb Fontane im Band „Havelland":

»Kloster Chorin, ehe es diesen seinen Namen annahm, war Kloster Mariensee. Die Stelle, wo letzteres stand, war lange zweifelhaft. Die Urkunden sagten freilich deutlich genug: ‚auf der Ziegeninsel im Parsteiner See' (…) Früher, wenn die Tradition recht berichtet, war das Terrain zwischen dem Amtshof und der Insel mehr Sumpf als See, so daß ein Steindamm, eine Art Mole, existierte, die hinüberführte; der Parsteiner See aber, im Gegensatz zu anderen Gewässern der Mark, wuchs konstant an Wassermenge, so daß allmählich der Sumpf in der wachsenden Wassermenge ertrank und mit dem Sumpf natürlich auch der Steindamm. (…)«

Pehlitzwerder

Heute ist Pehlitzwerder eine Halbinsel, die in den Parsteiner See hineinragt. Doch zu Fontanes Zeiten war sie noch eine Insel. Deshalb heißt es bei Fontane weiter:

»*Die Insel zeigt im übrigen auf den ersten Blick nichts Besonderes; sie macht den Eindruck eines vernachlässigten Parks, in dem die Natur längst wieder über die Kunst hinausgewachsen ist. Es vergeht eine Zeit, ehe man die Trümmer entdeckt und überhaupt in dem bunten Durcheinander sich zurechtfindet; dann aber wirkt alles mit einem immer wachsenden Reiz. Die Überreste des Klosters liegen nach Osten zu, fast entgegengesetzt der Stelle, wo man landet. Was noch vorhanden ist, ragt etwa zwei Fuß hoch über den Boden und reicht in seinen charakteristischen Formen völlig aus, einem ein Bild des Baues zu geben, der hier stand.*«*

Von Pehlitzwerder zum Kloster Chorin

km
11,9–17,9

Hat man sich in der Umgebung des Sees umgesehen, wandert man auf demselben Weg zurück nach Brodowin. Wer will, kann unterwegs noch vom 81 Meter hohen **Kleinen Rummelsberg** einen Blick zurück auf den See werfen, der sich links von der Straße erhebt und von dem offensichtlich auch Fontane die Landschaft überblickte und eine „absolute Öde" konstatierte. An der Stülerkirche angekommen, wendet man sich dann nach links und läuft ein Stück in diese Richtung, bis rechts die kopfsteingepflasterte, holprige Straße zum **Kloster Chorin** abzweigt, die mit **blauem Balken** markiert ist. Sie führt zuerst an Obstbäumen und Kopfweiden vorbei durch Wiesen und Felder, wo der Blick noch mal in die Weite der Landschaft schweift. Im zweiten Abschnitt geht es dann durch dichten Mischwald immer geradeaus an Kesselmooren vorbei, bis man auf den **Amtssee** trifft. Der B2 und dem Seeufer folgend erreicht man dann kurz darauf das Kloster.

Kloster Chorin

»*Unter den Töchtern Lehnins war Chorin die bedeutendste, ja, eine Zeitlang schien es, als ob das Tochterkloster den Vorrang über die Mater gewinnen würde. Das war unter den letzten Askaniern. Diese machten Chorin zum Gegenstand ihrer besonderen Gunst und Gnade und beschenkten es nicht nur reich, sondern wählten es auch zu ihrer Begräbnisstätte*«, schrieb der Dichter. Heute gilt die Ruine des Zisterzienserklosters Chorin zu Recht als einer der schönsten Bauten Brandenburgs. Als Haus- und Begräbnisstätte der Askanier, der Markgrafen von Brandenburg, wurde es von 1273 an im Stil der norddeutschen Backsteingotik errichtet. Zentrum der repräsentativen Anlage ist eine dreischiffige Gewölbebasilika mit Querschiff und Chor. Besonders reich verziert sind der Querhausgiebel und vor allem die hoch aufragende **Westfront,** die in filigraner Ziegelbauweise gestaltet ist. Zwischen Kirche und Klausur wurde an der Westseite der sogenannte Fürstensaal für den Landesherrn angefügt. Von der Klausur haben sich der Ost- und Westflügel mit dem **Kreuzgang** erhalten, außerdem ein **Brüderhaus,** die **Küche,** ein **Pfortenhaus** und das **Brauhaus.**

Nachdem die Anlage im Dreißigjährigen Krieg ausgebrannt war und allmählich verfiel, sorgte Karl Friedrich Schinkel im 19. Jahrhundert dafür, dass die malerische Ruine als Denkmal von nationalem Rang eingestuft und restauriert wurde. Inzwischen gibt sie auch den stimmungsvollen Rahmen für sommerliche Konzerte sowie Oster-, Keramik- und Kräutermärkte ab. So romantisch das alles auf heutige Besucher wirkt – Fontane scheint es nicht so erlebt zu haben. Abgesehen davon, dass damals die Gebäude nicht so vorbildlich restauriert waren, mögen der trübe Herbsttag und ein grippaler Infekt die Eindrücke beeinträchtigt

Kreuzgang des Klosters Chorin

haben. Jedenfalls kam er nach langen Ausführungen über die Geschichte des Klosters zu dem Schluss:

>>*Leider geht dieser baulich schönen Ruine, wie gesagt, das eigentlich Malerische ab. Ruinen, wenn sie nicht bloß, als nähme man ein Inventarium auf, nach Pfeiler- und Fensterzahl beschrieben werden sollen, müssen zugleich ein Landschafts- oder auch ein Genrebild sein. In einem oder im andern, am besten in der Zusammenwirkung beider wurzelt ihre Poesie. Chorin aber hat wenig oder nichts von dem allen; es gibt sich fast ausschließlich als Architekturbild. (...) Kloster Chorin ist keine jener lieblichen Ruinen, darin sich's träumt wie auf einem Frühlingskirchhof, wenn die Gräber in Blumen stehen; es gestattet kein Verweilen in ihm, und es wirkt am besten, wenn es wie ein Schattenbild flüchtig an uns vorüberzieht. Wer hier in der Dämmerstunde des Weges kommt und plötzlich zwischen den Pappeln hindurch diesen still einsamen Prachtbau halb märchenhaft, halb gespenstisch auftauchen sieht, dem ist das Beste zuteil geworden, das diese Trümmer, die kaum Trümmer sind, ihm bieten können. Die Poesie dieser Stätte ist dann wie ein Traum, wie ein romantisches Bild an ihm vorübergezogen, und die sang- und klanglose Öde des Innern hat nicht Zeit gehabt, den Zauber zu zerstören, den die flüchtige Begegnung schuf.*<<

Vom Kloster Chorin zum Bahnhof Chorin

**km
17,9–20**

Hat man sich beim Besuch des Klosters vergewissert, ob die sang- und klanglose Öde tatsächlich den Zauber im Innern zerstört, begibt man sich zum Amtssee, wo ein schmaler Pfad oberhalb des Seeufers entlangführt. Vorbei am „Waldseehotel Frenz" läuft man weiter in Richtung Hotel „Haus Chorin". Gleich neben dem Hotel zweigt die Neue Klosterallee ab, die auf die wenig befahrene Asphaltstraße Hüttenweg führt. Am Hüttenweg entlang geht es nach Chorin hinein. Alternativ kann man auch den Waldweg nehmen, der hinter dem Hotel „Haus Chorin" am Spielplatz beginnt. Dann an der Kreuzung rechts abbiegen und immer weiter geradeaus bis zur Asphaltstraße wandern. Am Ortseingang von **Chorin** folgt man dann den Wegweisern zum **historischen Bahnhof,** der vorbildlich restauriert wurde und heute mit Touristinformation, Fahrradverleih und Bistro lockt.

6 Auf der Suche nach Tiroler Spitzhüten in Klein-Thüringen

Start	Ziel	Länge	Gehzeit
Bhf. Falkenberg	Bhf. Bad Freien-walde	16,5 km	5 Std.

„Freienwalde – hübsches Wort für einen hübschen Ort", schreibt Fontane in seinem Kapitel über Brandenburgs ältesten Kurort. Dessen Reiz liegt für ihn vor allem in den Bergen. Aus denen speisen sich nicht nur die Wunder wirkenden Quellen. Sie bieten auch eine grandiose Fernsicht über die Märkische Schweiz, die der Dichter immer wieder genossen hat. Ihm kann man es gleichtun, wenn man sich von Falkenberg aus, das im Kapitel ebenfalls erwähnt wird, auf den Turmwanderweg macht. Nach einigem Auf und Ab über insgesamt vier markante Aussichtspunkte gelangt man schließlich in die Kurstadt, die den Autor auf die Spuren der Uchtenhagens und allerlei kurioser Kurgäste führte.

Am Fontane-Platz in Falkenberg erinnert eine Gedenktafel an den berühmten Gast des Ortes

Infos zur Tour

Hinfahrt
Bhf. Falkenberg
(RE3 bis Bhf. Eberswalde ab Berlin Hbf,
dann weiter mit RB60, Mo–Fr stdl.,
Sa/So alle 2 Std., ca. 1 Std. 25 Min.)

Rückfahrt
Bhf. Bad Freienwalde
(RB60 bis Bhf. Eberswalde, weiter mit
RE3 bis Berlin Hbf, stdl. bzw. Sa/So
alle 2 Std., ca. 1 Std. 30 Min.)

Streckenverlauf
Falkenberg – Bismarckturm – Eulenturm – Schanzenturm – Kurfürstenquelle – Aussichtsturm auf dem Galgenberg – Bad Freienwalde

Streckencharakteristik:
Abwechslungsreiche Tour, hauptsäch-
lich auf Waldwegen und -pfaden, mit
kurzen Abschnitten auf Landstraßen

Schwierigkeit
Mittelschwere Wanderung mit einigen
Steigungen und steilen Abstiegen (ca.
500 Höhenmeter)

Beschilderung
Fontaneweg (blauer Balken), Turm-
wanderweg (brauner Turm auf weißem
Grund) sowie Oderlandweg (roter
Punkt)

Einkehren
Brunnencafé
Uchtenhagenstr. 26 · 16259 Bad Frei-
enwalde · (0 33 44) 33 33 33 ·
Mo–Fr 10.30–19, Sa/So 11–19 Uhr,
Winter Di–So 12–17 Uhr
Nettes Café mit schöner Terrasse
auf dem Marktplatz, wo es neben

köstlichen Eisspezialitäten, Kaffee
und Kuchen auch allerlei herzhafte
Speisen gibt.

Sehenswürdigkeiten
Oderlandmuseum
Uchtenhagenstr. 2 · 16259 Bad Freien-
walde · (0 33 44) 20 56 ·
Mi–Sa, Fei 11–17 Uhr
Als eins der ältesten Museen Bran-
denburgs führt das Haus durch die
Geschichte von Stadt und Region.

Walther-Rathenau-Gedenkstätte
Rathenaustr. 3 · 16259 Bad Freienwalde · (0 33 44) 34 70 · www.schloss-
freienwalde.de · Mi–So 11–16 Uhr
In dem von David Gilly erbauten klassizistischen Schloss informiert heute
die Walther-Rathenau-Gedenkstätte
über Leben und Werk des Schriftstellers und Politikers.

Baden
Badestelle am Teufelssee

Tipp
Wer sich die letzte Etappe zum Galgenberg sparen will, kann von der Kurfürstenquelle aus durch den Kurpark zum
Bahnhof von Bad Freienwalde laufen.
Außerdem bietet sich ein Abstecher in
den Ortsteil Schiffsmühle an, wo das
Fontanehaus an die Besuche Theodors
bei seinem dort lebenden Vater erinnert (Schiffsmühle 3 · (0 33 44) 33 37
73 · meist Apr.–Okt. Mo–Fr 13–19 Uhr).

Tourenkombination
Die Tour lässt sich mit der Wanderung
zum Baa-See (Tour 7, ▶ Seite 72)
kombinieren.

km 0–0,5 **Vom Bahnhof Falkenberg zum Theodor-Fontane-Platz**

Vom Bahnhof Falkenberg aus läuft man durch die Bahnhofstraße in Richtung Ortsmitte zur B 167, die hier Karl-Marx-Straße heißt (Achtung: Nicht dem Fahrradweg nach Bad Freienwalde oder anderen Wanderwegen folgen!) und biegt dort links ab. Hier läuft man geradeaus bis zum **Theodor-Fontane-Platz,** wo in einer Linkskurve ein **Fontane-Gedenkstein** steht. Wer aufmerksam ist, entdeckt unterwegs die Hinweisschilder zur **Carlsburg,** zu der ein Abzweig auf der rechten Seite führte.

Die Carlsburg und Falkenberg

Das Panoramarestaurant „Carlsburg" existierte schon zu Fontanes Zeiten und der Schriftsteller beschreibt den bevorzugten Platz der Falkenberger Sommergäste folgendermaßen:

»*Die Karlsburg, ein heiteres, villenartiges Gebäude, blickt von dem sogenannten Paschenberg aus in die Oderbruchlandschaft hinein. Was ihr als Aussichtspunkt einen besonderen Reiz verleiht, ist die aparte Schönheit des Vordergrundes, des Dorfes Falkenberg selbst, über dessen Schluchten, Dächer und Türme hinweg der Blick zu der weiten, grünen Fläche des Bruches hinüberschweift.*«

Über den Ort Falkenberg selbst konstatiert er:

»*Falkenberg ist doppellebig. Seine Natur bringt das so mit sich, und während es die Wiesen zu einem Bruchdorfe machen, machen es die Berge mit ihren Quellen und schattigen Plätzen zu einem Brunnen- und Badedorf.*«

Was Fontane aber mindestens ebenso interessierte wie Falkenberg und seine reizvolle Landschaft, waren – wie meistens – die Menschen, die er in „Winter-Falkenberger" und „Sommer-Falkenberger" unterscheidet:

»*Der Winter-Falkenberger ist ganz Märker, das heißt ein Norddeutscher mit starkem Beisatz von wendischem Blut. Er ist fleißig, ordentlich, strebsam, aber mißtrauisch, eigensinnig und zu querulieren geneigt. (…) Der Winter-Falkenberger ist märkisch, der Sommer-Falkenberger ist thüringisch, eine Art Ruhlenser: freundlich, gebildet, entgegenkommend. Der Vorübergehende bietet guten Tag, gibt Auskunft, zeigt den Weg. Überall gute Form und gute Sitte, eine ‚Manierlichkeit', wie sie sonst in den Marken, zumal in den Odergegenden, nicht leicht betroffen wird.*«

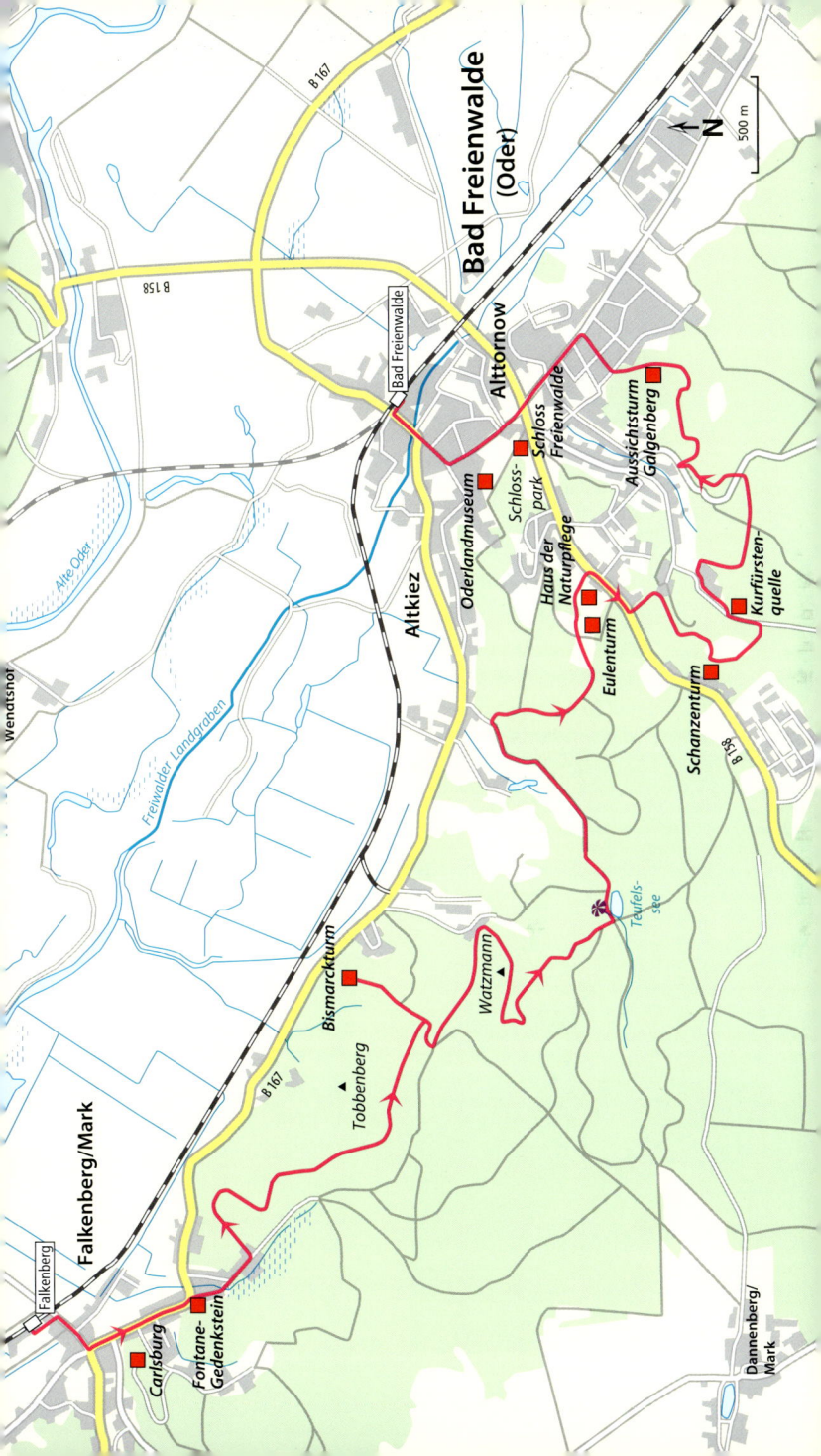

Bad Freienwalde
(Oder)

N

500 m

B 167

B 158

Alte Oder

Wendtshof

Freiwalder Landgraben

Bad Freienwalde

Altkiez

Altornow

Oderlandmuseum

Schloss Freienwalde

Schloss-park

Haus der Naturpflege

Aussichtsturm Galgenberg

Kurfürsten-quelle

Eulenturm

Schanzenturm

B 158

Teufels-see

Watzmann

Bismarckturm

Tobbenberg

B 167

Falkenberg/Mark

Falkenberg

Carlsburg

Fontane-Gedenkstein

Dannenberg/Mark

km 0,5–4   Vom Theodor-Fontane-Platz zum Bismarckturm

Am Fontane-Park läuft man jetzt rechts auf den mit **blauem Balken** markierten **Fontaneweg,** der zu weiten Teilen mit dem Turmwanderweg und Oderlandwanderweg identisch ist. Kurze Zeit geht es auf einer ruhigen Straße aus dem Ort hinaus, dann führt links ein Pfad steil in den dichten, dunklen Mischwald mit Buchen, Eichen und Kiefern hinauf. Immer dem **roten Punkt** und dem **Turm-Symbol** folgend wandert man stetig auf und ab, an der Schutzhütte auf dem Tobbenberg vorbei, bis 200 Meter weiter links ein Weg zum **Bismarckturm** abzweigt. Diesen gut 500 Meter langen Abstecher sollte man nicht auslassen, um den knapp 30 Meter hohen Turm aus Backstein zu bewundern, der hier die Zeit überdauert hat.

Bismarckturm

Den Bismarckturm ließ der Freienwalder Geschichtsverein 1895 zum Zeichen der Verehrung für Reichskanzler Otto von Bismarck errichten. Oben schmücken ihn ein Stadtwappen und ein Bildnis von Bismarck. Nachdem der Turm im Zweiten Weltkrieg stark beschädigt wurde, ist er inzwischen saniert und wieder begehbar. Er ist der erste der vier Türme, die uns auf der Wanderung begegnen. Wer alle Türme besteigt, erhält als Auszeichnung das „Turm-Diplom". Alle vier Türme sind von April bis Oktober Fr–So und feiertags 10–17 Uhr geöffnet, der Eintritt beträgt pro Turm 2 €. Wer das Turm-Diplom erwerben will, wählt das Kombi-Ticket für 6 €.

Der Bismarckturm auf dem Schlossberg

Den Bismarckturm hat Fontane noch nicht kennen können, da er erst1895 auf den Ruinen der mittelalterlichen Burg Malchow aus dem 11. Jahrhundert errichtet wurde. Doch den **Schlossberg,** auf dem er steht, hat der Autor im September 1862 besucht und fasste das Erlebnis in folgende poetische Sätze:

»*Der Abend ist schön, und Duft und Nebel steigen aus den Wiesengründen auf. Der Wald zur Linken steht, wie es im Liede heißt, ,schwarz und schweigend', und nur vor uns, nach Nordwesten zu, glüht noch der Abendhimmel in wunderbaren Farbenspielen durch die Nebelschleier hindurch. Es ist just die Stunde, um den Schloßberg und die Burg der Uchtenhagen zu besuchen, denn die Landschaft selbst erscheint wie ein weit aufgetanes Tor, um uns rot und golden in das Land der Sage einzuführen.*«

Der Eulenturm aus Douglasienholz

Vom Bismarckturm bis zum Haus der Naturpflege

Während Fontane in seinem Buch weit ausholt, um über das Geschlecht der Uchtenhagen zu berichten, das einst vier Jahrhunderte lang die Geschicke der Gegend bestimmte, läuft man jetzt zurück zur Wegkreuzung, umrundet der Ausschilderung folgend den Watzmann und gelangt durch **km 4–9,5** die **Mariannenschlucht** nach etwa 2,5 Kilometern zum **Teufelssee.** Wie eine grün schimmernde Perle liegt er inmitten des Waldes und bietet sich mit kleinem Rastplatz ideal für eine Pause an. Läuft man jetzt links ein Stück am nördlichen Seeufer entlang, sieht man bald rechts die Jugendherberge liegen. An ihr vorbei wandert man weiter durch den Wald auf und ab, vorbei am Aussichtspunkt „Thüringer Blick", bis nach ca. 2,5 Kilometern die ersten Häuser von **Bad Freienwalde** auftauchen. Auf dem Dr. Max-Kienitz-Lehrpfad, der mit dem Turmwanderweg identisch ist und sich um allerlei Gartenanlagen herumschlängelt, erreicht man das **Haus der Naturpflege.**

Eulenturm

Gegenüber vom Haus der Naturpflege mit kleiner Ausstellung und einem liebevoll angelegten Lehrgarten kann man den Eulenturm besteigen. Der rund 14 Meter hohe Aussichtspunkt ist eine schöne Konstruktion aus Douglasienholz – und ein Geschenk des Brandenburger Umweltministeriums zum 90. Geburtstag von Kurt Kretschmann, dem „Vater des ostdeutschen Naturschutzes", der zuvor an der Stelle den sogenannten „Wackelturm" aus Robinienholz errichtet hatte.

km
9,5–14,5

Vom Haus der Naturpflege bis zur Kurfürstenquelle

Von hier läuft man weiter bis zur B 158 und rund einen Kilometer an ihr entlang, bis auf der linken Straßenseite der markierte Weg zum Jugend-, Kultur- und Bildungszentrum „Offi" abzweigt. Diesem folgt man, bis kurz vor dem Gebäude links ein kleiner Pfad zur **Skisprungschanze** und dem angebauten **Schanzenturm** abzweigt. Er ist der dritte und zugleich höchste Turm auf unserer Wanderung. Auf dem Pfad läuft man ins Tal hinunter und sieht schon bald rechts inmitten des sogenannten **Papengrunds** die Sprungschanze, an der im Winter Sportler trainieren. Wer den Schanzenturm nicht besteigen will, geht im Bogen um die Schanze herum und danach links auf kleinem Pfad hinter dem Sportplatz wieder in Richtung Wald. Wunderbare hohe Buchen säumen den Weg, der nun am Rosengarten und dem ehemaligen Brunnenfriedhof vorbei zum **Kurpark** mit der **Kurfürstenquelle** führt.

Kurfürstenquelle

Seit mehr als 100 Jahren sprudelt aus dem Brunnen das gesunde Quellwasser, das Bad Freienwalde zum ältesten Kurort Brandenburgs gemacht hat. Nachdem 1683 ein Apotheker die Heilkraft des Wassers entdeckt hatte, ließ Kurfürst Friedrich Wilhelm hier einen Kurbetrieb aufbauen, in dem Fontane zufolge unter anderem 1733 auch einige der Potsdamer Grenadiere ihre Gesundheit wiederfanden. Er zitiert die Inschrift des damaligen Brunnenhauses:

Die 1900 errichtete Kurfürstenquelle

»*Steh stille, Wanderer, betrachte diese Quellen,*
Sie helfen wunderbar in vielen Krankheitsfällen…«

Einer der Lieblingsplätze von Königin Friederike Luise: der Teepavillon

Ganz in der Nähe der Kurfürstenquelle steht unweit von Fachklinik und Moorbad noch immer das **Kurmittelhaus,** das 1789/90 als Bade- und Logierhaus für adlige Gäste errichtet wurde und heute für Badekuren genutzt wird. Ein paar Jahre später entstand im **Schlosspark** ein Pavillon, das so genannte **Teehäuschen,** für einen weiteren erlauchten Kurgast, Königin Friederike Luise, die Gemahlin Friedrich Wilhelms II. 1789/99 baute ihr dann David Gilly ihren Lieblingssitz, ein **Schloss** in frühklassizistischem Stil. Über dieses Schloss, das vor allem Witwensitz der Königin war, heißt es im Band „Oderland":

»*Es hat mehr den Charakter eines stattlichen, geschmackvoll aufgeführten Privathauses als den eines Schlosses. Unter Laub und Blumen gelegen, aus denen, überall unterbrochen, die gelben Wände hervorleuchten, macht das Ganze einen durchaus heitern Eindruck, und doch heißt es auch von diesen Mauern: ‚Sie haben Leides viel gesehn.' Stilles Leid, aber um so tiefer vielleicht, je stiller es getragen wurde.*«

1909 erwarb Walther Rathenau das Gebäude, um es als Zeugnis preußischer Baukunst inmitten des von Peter Joseph Lenné gestalteten Schlossparks zu erhalten. Inzwischen ist es zu einer Gedenkstätte für den Schriftsteller und Politiker geworden, der 1922 ermordet wurde.

km
14,5–15,5

Von der Kurfürstenquelle auf den Galgenberg

Wer noch den vierten Turm erklimmen will, läuft zurück an die Weggabelung 50 Meter vor der Kurfürstenquelle, wo der Aussichtsturm von Bad Freienwalde ausgeschildert ist. Es geht zunächst auf den schmalen, steilen Königin-Luise-Steig, der über 225 Treppenstufen zur Brunnenkapelle mit schönem Ausblick auf die Kurklinik führt. Dann folgt man der Ausschilderung durch die Schweinebucht zum **Aussichtsturm Galgenberg,** wobei man an der Kreuzung die asphaltierte Straße, die rechts zur ehemaligen Köhlerei führt, überquert und auf der anderen Seite in den markierten Wanderweg einbiegt, um bald darauf auf dem Galgenberg anzukommen.

Aussichtsturm auf dem Galgenberg

Der Turm auf dem Galgenberg wurde ursprünglich als Kriegerdenkmal für die Gefallenen aus dem Barnimer Oberland während der Kriege gegen Dänemark, Österreich und Frankreich im 19. Jahrhundert errichtet. Mit seinen 25 Metern bietet das Backsteingebäude nach umfassender Sanierung einen schönen Blick auf Kurstadt und Umgebung – ähnlich wie sie Fontane vom Ziegen- und Ruinenberg genossen haben mag.

km
15,5–16,5

Vom Galgenberg zum Bahnhof Bad Freienwalde

Vom Aussichtsturm führt ein Treppenweg nach **Bad Freienwalde** hinunter, wo es durch die Lisingenstraße ins Stadtzentrum geht. Links zweigt die Wriezener Straße ab, die später in die Königsstraße mündet. Schließlich geht es rechts auf der Karl-Marx- und späteren Bahnhofstraße zum Bahnhof. Bevor man sich dorthin begibt, sollte man sich neben dem **Schloss** links von der Königstraße auch das Zentrum der Kurstadt ansehen.

Bad Freienwalde

Besonders sehenswert sind die gotische **Stadtkirche St. Nikolai** am Marktplatz mit der über 100-jährigen **Kaisereiche** und das spätklassizistische **Rathaus.** Mehr über die Stadt und das Oderbruch ist im **Oderlandmuseum** zu erfahren. Vielleicht entdeckt man unterwegs in der Gesundbrunnenstraße auch noch die **Gedenktafel** für den von Fontane erwähnten Volksdichter Karl Weise. Ansonsten wird man – ebenso wie Fontane – allerlei Kur-

Heute ist das Kurmittelhaus von 1790 ein Wellnesstempel mit historischem Touch

gästen begegnen. Über den damaligen Kurbetrieb hat er sich ebenfalls genüsslich ausgelassen:

»*Freienwalde ist eine Bergstadt, aber nicht minder ist es ein Badeort, eine Fremdenstadt. Wir haben erst eine einzige Straße passiert, und schon haben wir fünf Hôtels und eine Hofapotheke gezählt; noch sind wir nicht ausgestiegen, und schon rasseln andere Postwagen von rechts und links heran; das Blasen der Postillone nimmt kein Ende; Herren in grünen Reiseröcken und Tiroler Spitzhüten wiegen sich auf ihren Stöcken und umstehen das Posthaus, bloß in der vagen Hoffnung, ein bekanntes oder gar ein hübsches Gesicht zu sehen (...).*«

Dann kommt er zu dem Schluss:

»*Der breite Stempel, den die echten und unechten Engländer seit fünfzig Jahren allen europäischen Badeörtern aufzudrücken wußten, hier fehlt er noch, hier ist der komplizierteste ‚Breakfast-Tisch‘ noch ein kaum geahntes Geheimnis, hier wird noch gefrühstückt, hier sucht noch kein grüner und schwarzer Tee die alte Herrschaft des Morgenkaffee zu untergraben, hier herrscht noch die vaterländische Semmel und weiß nichts von Buttertoast und Muffin (...).*«

7 Der Baa-See – einst Liebling und Stolz der Freienwalder

Start	Ziel	Länge	Gehzeit
Bhf. Bad Freien-walde	Bhf. Bad Freien-walde	13 km	3,5 Std.

Fontane war oft und gern in Bad Freienwalde zu Gast, unter anderem, um seinen Vater in Schiffsmühle zu besuchen, der dort von 1850 bis 1867 lebte. Dabei hat er auch den Baa-See, ein geheimnisvolles Gewässer unweit der Kurstadt, entdeckt. Zu ihm gelangt man auf einer relativ kurzen, schönen Waldwanderung durch das Brunnental, wo es schon fast wie im Mittelgebirge aussieht. Und bevor man sich auf den Rückweg entlang des Siebenhügelwegs macht, darf man sich auf keinen Fall die schmackhafte Hausmannskost der Waldschenke entgehen lassen. Mit ihrem Biergarten hat das Lokal geradezu Kultcharakter – und hätte den Dichter sicher zu dem einen oder anderen denkwürdigen Kommentar inspiriert.

Wäre auch für Fontane ein Augenschmaus gewesen: die skurrile Waldschenke am Baa-See

Infos zur Tour

Hinfahrt

Bhf. Bad Freienwalde
(RE3 ab Berlin Hbf bis Bhf. Eberswalde, weiter mit RB60, Mo–Fr stdl.,
Sa/So alle 2 Std., ca. 1 Std. 35 Min.)

Rückfahrt

Bhf. Bad Freienwalde
(RB60 bis Bhf. Eberswalde, weiter mit
RE3 bis Berlin Hbf, stdl. bzw. Sa/So
alle 2 Std., ca. 1 Std. 30 Min.)

Streckenverlauf

Bad Freienwalde – Fontaneplatz – Kurfürstenquelle – Brunnentalweg – Baa-See – Waldschenke – Siebenhügelweg – Fontaneplatz – Bad Freienwalde

Streckencharakteristik

Relativ kurze, reizvolle Wanderung
durch hügelige Waldlandschaft auf
Waldwegen, wenige Abschnitte mit
Hartbelag

Schwierigkeit

Einfach, mit leichten Steigungen

Beschilderung

Grüner Punkt

Information

Touristinformation
Uchtenhagenstr. 3 ·
16259 Bad Freienwalde (Oder) ·
(0 33 44) 15 08 90 ·
www.bad-freienwalde.de

Einkehren

Waldschenke
Am Baa-See · 16259 Bad Freienwalde
(OT Sonnenburg) · (0 33 44) 33 09 02 ·

Sommer Mi–So 12–18 Uhr,
Winter Do–So 12–17 Uhr
Highlight der Wanderung ist das urige
Lokal mit großem Biergarten am Baa-See, das ob seiner skurrilen Einrichtung Kultcharakter hat. Spezialität
sind Wildgerichte, vor allem Wildschwein. Doch gibt es auch Salate,
Omelette und andere Gerichte.

Waldgaststätte Köhlerei
Sonnenburger Str. 3c · 16259 Bad
Freienwalde · (0 33 44) 33 14 35 ·
Apr.–Okt. Mi–So 11.30–19 Uhr,
Nov.–März Mi–So 9.30–17 Uhr
Auf dem Rückweg auf dem Siebenhügelweg weisen Schilder zu der Gaststätte mit großem Spiel- und Grillplatz sowie kleinem Tiergehege hin.
Das Lokal wird von den Stephanus-Werkstätten mit Hilfe von Menschen
mit Behinderungen betrieben. Besonders schmackhaft sind Brot und
Kuchen aus dem Steinbackofen.

Café Blaue Zwiebel
Gesundbrunnenstr. 32a · 16259 Bad
Freienwalde · (0 33 44) 1 50 19 27 ·
www.cafe-blaue-zwiebel.de ·
Mai–Okt. Fr–Mo 14–18 Uhr, März/Apr./
Nov./Dez. Sa/So 14–17 Uhr
Der hübsch gelegene Kiosk lädt zu
köstlichem Kuchen, Eis und anderen
Kleinigkeiten am idyllischen Mühlteich ein.

Tipp

Aufgrund der relativ kurzen Strecke
ist diese Wanderung auch gut für
Kinder geeignet, die später noch bei
der Waldgaststätte Köhlerei spielen
können.

km 0–7,5 **Von Bad Freienwalde zum Baa-See**

Vom Bahnhof läuft man zunächst an der Bahnhofstraße nach links und anschließend geradeaus weiter, der Karl-Marx-Straße folgend, ins Stadtzentrum. Kurz vor dem **Oderlandmuseum** – gleich nebenan ist auch die Touristinformation – geht es dann links in die Königstraße und kurz vor der Brücke rechts in die Gesundbrunnenstraße. Diese führt an schönen Villen vorbei zum **Fontaneplatz**, wo ein **Fontane-Denkmal** des Bildhauers Peter Fritzsche von 1978 steht, und knickt dort scharf rechts ab. Wir folgen ihr weiter und gelangen so zum Kurpark mit dem mehr als 200 Jahre alten **Kurmittelhaus.** Hinter der Fachklinik liegt der Kurfürstensteig mit der **Kurfürstenquelle,** wo man sich seine Trinkflasche noch mal mit frischem, gesundem Wasser füllen kann. Ein Stück weiter zweigt dann der mit **grünem Punkt** markierte **Brunnentalweg,** der auch Teil des **Oderlandwegs** ist, zum Baa-See ab. Nun wandert man auf breitem, leicht ansteigendem Weg in den Wald. Vorbei an der dreieckigen, hölzernen Stadtwaldhütte, die Schutz bei Regen bietet, und dem Findling mit der Aufschrift „Deutschmann" geht es durch Mischwald mit zum Teil extrem hohen Buchen, Kiefern und anderen Bäumen, bis einen der **grüne Punkt** nach links weist. Bald geht es auf einem alten, mit Kopfsteinen gepflasterten Weg weiter zur „Hütte am Teller" mit Picknickplatz. Hier weist jetzt auf der gegenüberliegenden Seite ein **Holzschild** mit der Aufschrift „Baa-See/Waldschenke 1,7 km" auf einen Weg, der sich in mehreren Kurven nach unten schlängelt, vorbei an kraterartigen Vertiefungen, in denen wieder sehr hohe Kiefern stehen. Dazu gesellen sich auch einige Douglasien, die Ende des 19. Jahrhunderts angepflanzt wurden. Kurz vor dem **Baa-See** führt der Weg dann rechts hoch über dem Ufer an einem Aussichtspunkt und dem Baa-See-Moor vorbei zur „Waldschenke".

Baa-See

Fontane schrieb über das Gewässer:

»*Weiter in den Wald hinein, etwa eine halbe Meile im Rücken des Rosengartens, liegt der Baa-See, der Liebling und der Stolz der Freienwalder. Sie überschätzen ihn offenbar, vielleicht weil er das landschaftlich einzig in Betracht kommende Wasserstück ihrer schönen, aber etwas monotonen Landschaft ist, vielleicht auch, weil er Versteckens spielt und nach Art vielumwobener Schönen sich dem Werber entzieht.*«

Schiffmühle

Wendtshof

Alte Oder

Freiwalder Land-graben

B 158

Bad Freienwalde

Altkietz

B 167

Oderlandmuseum

**Bad Freienwalde
(Oder)**

Alttornow

Teufels-see

Fontaneplatz

Kurpark

B 158

Baa-see

Sonnenburg

Waldschenke

N

500 m

Lädt auch zum Umtrunk ein – die Schutzhütte am Weg zum See

Auch der Schriftsteller suchte ihn zunächst zusammen mit seinem Begleiter, ohne ihn finden zu können und warf sich zwischendurch ermattet ins Moos. Dann entdeckten sie zwei junge Mädchen, die sie nach dem Weg fragten. Nachdem sie dann noch eine ganze Weile herumgeirrt waren, zeigte endlich eines der Kinder mit seiner Hand in die Tiefe:

»*Unten lag der Baa-See, das ersehnte Ziel unserer Wanderung. Wir traten heran und hielten Umschau. Aber das Bild des Mädchens war schöner als der See; die Staffage ging über die Landschaft. Was den Baa-See zu keiner tieferen Wirkung kommen läßt, ist wohl das, daß er jener Mischgattung von Seen angehört, die zu finster sind, um zu erheitern, und doch wieder zu heiter, um den vollen Eindruck des Schauerlichen zu machen. Viel freilich hängt dabei von der Beleuchtung und noch mehr vielleicht von der Jahreszeit ab.*«

Fontane stellte ihn sich am schönsten in Sturm- und Winternächten vor, wenn der Mond grell-eisig am Himmel steht. Aber auch zu anderen Jahreszeiten ist das Gewässer durchaus schön anzusehen. Als Relikt der letzten Weichseleiszeit vor 12 000 Jahren ist er dicht von Schilf, zum Teil auch von Moor umgeben. Zum

Baden ist er leider nicht geeignet, doch leiht die **Waldschenke** Ruderboote aus. Ein Muss ist in jedem Fall eine Einkehr in diesem Lokal mit Kultcharakter und man kann nur spekulieren, was der Dichter darüber geschrieben hätte. Innenräume und Biergarten sind über und über dekoriert mit Holzscheiben voll lustiger Sprüche, dazu gesellt sich alter Krimskrams von alten Skiern bis zu Schreibmaschinen. Echte Wanderer bekommen vom Wirt sogar einen Baa-See-Höhenstempel verpasst, der anzeigt, dass sie 133 Meter Seehöhe erklommen haben. Denkwürdig sind auch die vielen Wildschweinspezialitäten. Wobei man sich auch mit leichterer Kost für den Rückweg stärken kann.

Vom Baa-See zum Bahnhof

km
7,5–13

Zurück geht es auf dem **Siebenhügelweg.** Von der „Waldschenke" läuft man zunächst zum Parkplatz, wo links ein breiter Waldweg abzweigt, der oberhalb des Ufers entlangführt. Noch ein letzter Blick auf das Wasser, das tief unten zwischen Bäumen durchscheint, dann geht es weiter durch den Wald. An einer Gabelung lässt man den breiten Weg rechts liegen und steigt eine Treppe hinauf, überquert die Kopfsteinstraße, auf der man vorher hinaufgewandert ist, und läuft, dem Hinweisschild zur **Kühnhütte** folgend, weiter geradeaus, ebenso wie an der nächsten Abzweigung. Bald kommt man an ein paar kleinen Findlingen und der Kühnhütte vorbei. Danach folgt man weiter dem mit **grünem Punkt** markierten Siebenhügelweg, der in weiten Kurven bergab führt. Zuletzt läuft man ein kleines Stück durch einen Hohlweg, überquert die Straße, die zur Köhlerei führt und erreicht kurze Zeit später die Sonnenburger Straße. Sie führt rechter Hand zum **Fontaneplatz.** Von hier aus läuft man ins Zentrum von Bad Freienwalde und auf demselben Weg wie zuvor zurück zum Bahnhof.

Still und geheimnisvoll: der Baa-See

8 Vom „lebensgefährlichen" Straßenpflaster zu den Tornowseen

Start	Ziel	Länge	Gehzeit
Haltestelle Buckow, Markt	Haltestelle Buckow, Markt	10 km	3 Std.

Über die kleinen Schweize jenseits der Alpenrepublik hat sich Fontane zwar lustig gemacht. Doch blieb er für ihre Reize nicht unempfänglich und hat der Märkischen Schweiz zwei Kapitel gewidmet. Tatsächlich ist der Naturpark für Brandenburger Verhältnisse durchaus gebirgig und deshalb eine der schönsten Wanderregionen rund um Berlin. Dichte Wälder und Schluchten – die sogenannten Kehlen – wechseln ab mit Wiesen, Mooren und Bächen. Dazwischen liegt der eine oder andere verwunschene See. Schon im 19. Jahrhundert war es eine beliebte Ausflugsgegend, und hier ist der Dichter auch selbst gewandert, sodass man zumindest auf einem Teil der Strecke auf seinen Spuren wandeln kann.

Der Schermützelsee macht Buckow zum liebenswerten Ausflugsziel

Infos zur Tour

Hinfahrt

Haltestelle Buckow, Markt
(RB26 bis Bhf. Müncheberg ab Bhf.
Berlin-Lichtenberg, dann weiter mit
Bus 928, stdl., ca. 1 Std. 10 Min.)
Alternativ verkehrt Mai–Anfang Okt.
Sa/So/Fei die historische Kleinbahn
zwischen Müncheberg und Buckow

Rückfahrt

Haltestelle Buckow, Markt
(Bus 928 bis Bhf. Müncheberg, dann
weiter mit RB26 bis Bhf. Berlin-
Lichtenberg, stdl., mind. 55 Min.)

Streckenverlauf

Buckow – Poetensteig – Kleiner und
Großer Tornowsee – Pritzhagener
Mühle – Stobbertal – Buckow

Streckencharakteristik

Relativ kurze, aber sehr abwechslungsreiche Wanderung durch hügelige
Waldlandschaft mit mehreren Seen

Schwierigkeit

Mittelschwer, mit einigen Steigungen

Beschilderung

Auf dem Hinweg grüne Markierung, auf
dem Rückweg auf der Naturparkroute
roter Punkt

Information

Touristinformation Märkische Schweiz
Sebastian-Kneipp-Weg 1 ·
15377 Buckow · (03 34 33) 6 59 82 ·
www.maerkischeschweiz.eu ·
Di–So ab 10 Uhr

Einkehren

Pritzhagener Mühle
Lindenstr. 74 · 15377 Buckow
(OT Pritzhagen) · (03 34 33) 8 44 ·
März–Mitte Nov. Di–So 12–17 Uhr
In dem liebenswerten Gartenlokal
kann man sich Blechkuchen, Eis,
Fischspezialitäten und sogar Champa-
gner schmecken lassen.

Stobbermühle
Wriezener Str. 2 · 15377 Buckow ·
(03 34 33) 6 68 33 · www.stobber
muehle.de · Tgl. ab 12 Uhr
In Sachen Kulinarik ist das romantische Lokal mit Hummerbecken
die Nummer eins. Außerdem gibt es
stilvolle Zimmer (DZ ab 75 Euro).

Baden

Mehrere Badestellen sowie ein Strandbad am Schermützelsee und dem
Großen Tornowsee

Sehenswürdigkeiten

Brecht-Weigel-Haus
Bertolt-Brecht-Str. 30 · 15377 Buckow ·
(03 34 33) 4 67 ·
www.brechtweigelhaus.de ·
Apr.–Okt. Mi–Fr 13–17, Sa/So/Fei
13–18 Uhr, Nov.–März Mi–Fr 10–12 und
13–16, Sa/So 11–16 Uhr
Die „Eiserne Villa", Bertolt Brechts
und Helene Weigels Sommerresidenz
am Schermützelsee, ist heute ein Museum. Hier findet auch der Buckower
Literatursommer mit Ausstellungen,
Lesungen und Konzerten statt.

Tourenkombination

Die Tour ist gut kombinierbar mit der
Tour 9 (▶ Seite 86).

Buckow

In der letzten Eiszeit entstanden, ist der **Naturpark Märkische Schweiz** ein ideales Wandergebiet. Auf engstem Raum wechseln sich dicht bewaldete Hügel, Schluchten – die sogenannten Kehlen – und Steilhänge ab mit zwanzig kleineren oder größeren Seen, Tümpeln und Teichmooren. Mittendurch schlängelt sich der etwa 25 Kilometer lange **Stobber** mit seinem glasklaren Wasser. Charakteristisch sind neben den zahlreichen Ulmen und Eichen die Rotbuchen, die Buckow – abgeleitet vom slawischen Wort „buk" für Rotbuche – auch seinen Namen gegeben haben. Der Kneipp-Kurort blickt auf eine lange Tradition zurück. Bereits vom Leibarzt Friedrich Wilhelms IV. ist der viel zitierte Ausspruch „Majestät, in Buckow geht die Lunge auf Samt" überliefert. Später entwickelte sich mit der Einweihung der Buckower Kleinbahn im Jahr 1897 ein reger Ausflugs- und Urlaubsverkehr. In den 1950er-Jahren weilte hier häufig Bertolt Brecht mit Helene Weigel in seinem Sommerdomizil am Seeufer, das heute ein Museum ist. So beliebt der Kurort ist, Fontanes Eindruck war eher zwiespältig:

»*Ja, Buckow ist schön, aber doch mit Einschränkung. Es hängt alles davon ab, ob wir Buckow die Gegend oder Buckow die Stadt meinen – allen Respekt vor jener, aber Vorsorge gegen diese. Seine Häuser kleben wie Nester an Abhängen und Hügelkanten, und sein Straßenpflaster, um das Schlimmste vorwegzunehmen, ist lebensgefährlich. Es weckt mit seiner hals- und wagenbrechenden Passage die Vorstellung, als wohnten nur Schmiede und Chirurgen in der Stadt, die schließlich auch leben wollen. (…) Für schwache Achsen ist Buckow dasselbe, was Wien für schwache Lungen ist – keiner kommt heil heraus.*«

Heil herausgekommen ist der kritische Dichter dann aber doch und machte sich auf, die Landschaft zu entdecken:

»*Buckow liegt in einem Kesseltale, dessen Sohle von einem großen See gebildet wird. Dieser See hat die Form eines abgestumpften Halbmonds, ist also bohnen- oder nierenförmig und heißt der Schermützel-See. (…) An der konkaven Seite des Sees, ziemlich genau an der Stelle, wo sich das hüglige Erdreich in den See hineinbuchtet, liegt die Stadt, von der aus sich in kürzester Zeit und mit leichtester Mühe die verschiedensten Ausflüge in die Umgegend ermöglichen. Alle diese Ausflüge, verschieden, wie sie sind, lassen sich*

Das „hals- und wagenbrechende" Straßenpflaster von Buckow

nichtsdestoweniger in drei ganz bestimmte Gruppen bringen: in Spazierfahrten über den See, in Besteigung des Bollersdorfer Plateaus und in Wanderungen durch die Täler und Schluchten der nach Nord und Ost hin gelegenen ‚Märkischen Schweiz'.«

km 0–5,5 **Von Buckow zur Pritzhagener Mühle**

Auf einer der Wanderungen, die Fontane unternommen hat, folgen wir ihm jetzt. Ausgangspunkt ist das **Kultur- und Tourismusamt** in Buckow ganz in der Nähe des Marktes, wo die Busse halten und sich auch ein kleiner Parkplatz befindet. Wer mit der Buckower Kleinbahn anreist, erreicht das Fachwerkhaus über die Hauptstraße. Von hier läuft man durch den gepflegten **Schlosspark,** hält sich links und folgt den Hinweisschildern zur Wriezener Straße. Bald ist der **Schermützelsee** mit der Schiffsanlegestelle erreicht. Am Strandbad vorbei geht es über den Weinbergsweg zur Schule, wo ganz links der **grün markierte** Weg in den Wald hinein führt. Schon umfangen einen dichtes Grün und klare, samtige Waldluft. Wenn rechts der **Poetensteig** abzweigt, wird es sogar richtig gebirgig. Nach dem Moritzgrund lässt man die Wolfsschlucht rechts liegen, dann schwingt sich der teilweise mit Geländern gesicherte Pfad bis zu einem 95 Meter hohen Hügel hinauf. Die Aussicht, die hier ein mit Bänken umstandenes Plateau auf den zugewucherten **Kleinen Tornowsee** bietet, hat auch unser Dichter genossen:

»*Als einer der reizendsten Punkte gilt der Dachsberg, kaum eine Viertelstunde vom Dorf entfernt und mit Recht ein Lieblingsplatz aller märkischen Touristen. Auch Berliner huldigen ihm. Und das ist doch schließlich immer das Entscheidende! Aber den Dachsberg in Ehren, in Wahrheit sind es doch seine beiden Seen, wie namentlich auch die Schlucht, die diese verbindet, was seine Schönheit ausmacht. Die beiden Seen heißen der kleine und große Tornow-See, und die Schlucht heißt die ,Silberkehle'. (…)*«

Kleiner und Großer Tornowsee

Nun folgt man dem Autor auf verschlungenen Wegen zu den beiden Gewässern hinunter, die der Wanderer im 19. Jahrhundert folgendermaßen beschreibt:

»*Der kleine Tornow ist einer jener ,Teufelsseen', denen man in der Mark, an den Abhängen der Hügel, so oft begegnet. Ihr Name bezeichnet ihren Charakter. Das Wasser ist schwarz, dunkle Baumgruppen schließen es ein, breite Teichrosenblätter bilden einen Uferkranz, und die Oberfläche bleibt spiegelglatt, auch wenn der Wind durch den Wald zieht. Es ist, als hätten diese dunklen Wasser einen besonderen Zug in die Tiefe und als stünden sie fester und unbeweglicher da als andere. So ist auch der kleine Tornow einer von jenen Seen, an denen Sage und Märchen am liebsten verweilen und von Prinzessinnen erzählen, die in der Johannisnacht aus dem dunklen Wasser steigen und mit Silberrosen im Haar freundlich-traurig am Ufer sitzen. Nicht so der große Tornow-See, der funfzig Fuß tiefer seine breite und hellere Wasserfläche am Fuß des Berges ausdehnt.*«

An der Wasserfläche passiert man das **Haus Tornow am See,** das 1912 erbaut ein vermutlich ebenso idyllischer Bau wie sein früherer Namensvetter ist, der in den 1960er-Jahren in sich zusammenfiel:

»*Am Ufer des großen Tornow-Sees erhebt sich eine Villa, ein Schweizerhaus. Der Erbauer, in Huldigung gegen den Ort, an dem er den zierlichen Bau entstehen ließ, hat ihm den Namen ,Haus Tornow' gegeben. Das hat einen guten Klang. Stille weilt rundum. Es ist ein Platz für Rast und Ruhe, und wer empfände nicht die Sehnsucht danach! Bilder schmücken die Zimmer der Villa, und Wein und Blumen ranken sich an Wand und Laubengang empor. Aber der schönste Blick, den ,Haus Tornow' gewährt, bleibt doch der auf den See.*«

Ja, den kann man auch heute noch genießen, und vielleicht noch eine kleine Badepause einlegen, bevor es zum nächsten Kleinod, der **Pritzhagener Mühle,** weitergeht: Am Gästehaus vorbei gelangt man zu dem Weg, der links zur Pritzhagener Mühle führt. Noch einmal ist rechter Hand ein Fischpass zu überqueren, dann zweigt links der Weg zu dem liebenswert verträumten Gartenlokal ab.

Pritzhagener Mühle

Mitten im Garten, wo die eine oder andere Gans über den Rasen watschelt, lassen sich die Gäste der „Pritzhagener Mühle" Kaffee, Kuchen und allerlei Fischgerichte schmecken. Dabei ist das Lokal nach einer Mühle benannt, die selbst gar nicht mehr existiert. Der Name stammt von dem nahegelegenen Dorf **Pritzhagen,** das auch Fontane am Rand erwähnte, aber unbedeutend fand. Ob er sich für das **Fledermausmuseum** im Julianenhof interessiert hätte, das inzwischen unweit vom Gartenlokal im Julianenhof untergekommen ist und das von Mai bis Oktober täglich von 10 bis 16 Uhr Einblick in das Leben der geheimnisvollen Tiere gewährt? Und

Für ihren Blechkuchen berühmt: die Pritzhagener Mühle

Nach der Wanderung ein Sprung in den Schermützelsee?

was er wohl über das zauberhafte **Stobbertal** geschrieben hätte? Auf jeden Fall hätte er vom Stobber geschwärmt, wenn er auf dem Rückweg durch das zauberhafte Bachtal gelaufen wäre.

Von der Pritzhagener Mühle nach Buckow

km
5,5–10

Zunächst läuft man zurück zum Tornowsee, folgt dann aber, statt am Nordufer weiterzuwandern, den Wegweisern der mit **rotem Punkt** markierten Naturparkroute ins **Stobbertal.** Sie verläuft ein ganzes Stück vom Südufer entfernt durch den Wald und erreicht bald das Fließ, das sich seinen Weg zwischen Hügeln durch eine Eiszeitrinne bahnt. Manch entwurzelter Baum hat sich quer über das Wasser gelegt, es ist ein märchenhaftes kleines Stück Wildnis. Auf kurvenreichem Weg kommt man schließlich zur **Güntherquelle.** Unweit befindet sich eine **Wassertretstelle,** wo man sich die Füße erfrischen kann, ein Stück weiter steht das **Naturpark-Besucherzentrum Schweizer Haus.** Doch biegt man hier nicht ab, sondern läuft weiter auf dem Hopfenweg an Gartengrundstücken entlang durch offene Wiesenlandschaft mit Obstbäumen, bis schließlich wieder der **Schermützelsee** erreicht ist. Gleich gegenüber von der Wriezener Straße locken **Strandbad** und Bootsverleih. Außerdem gibt einem das **Brecht-Weigel-Haus** eine Vorstellung davon, wie der Dichter des 20. Jahrhunderts Buckow und Umgebung erlebte.

9 Zu den Adelssitzen von Prittwitz, Hardenberg und altem Derfflinger

Start	Ziel	Länge	Gehzeit
Haltestelle Buckow, Markt	Hst. Neuhardenberg bzw. Bhf. Seelow-Gusow	18 bzw. 29 km	4,5 bzw. 7,5 Std.

Der Weg von Buckow nach Neuhardenberg bietet ein ziemliches Kontrastprogramm: Von der saftig grünen, hügeligen Märkischen Schweiz geht es ins flache Oderbruch. Kultureller Höhepunkt ist dort Schloss Neuhardenberg mit seinem wunderbaren Landschaftspark. Heute ein Musenhof mit hochkarätigem Kulturangebot, suchte der Dichter dort vor allem nach Spuren von Oberstleutnant von Prittwitz, Reichskanzler von Hardenberg und Fürst Pückler. Einziger Nachteil der Tour ist die schlechte Verkehrsanbindung des Orts am Wochenende. Wer will, kann deshalb nach einer Übernachtung in Neuhardenberg nach Gusow weiterwandern, das Fontane ebenfalls bereiste, und dort in den Zug nach Berlin steigen.

Das einst barocke Schloss Neuhardenberg wurde zu Fontanes Zeiten klassizistisch umgebaut

Infos zur Tour

Hinfahrt

Haltestelle Buckow, Markt
(RB26 bis Bhf. Müncheberg ab Bhf.
Berlin-Lichtenberg, dann weiter mit
Bus 928, stdl., ca. 1 Std. 10 Min.)
Alternativ verkehrt Mai–Anfang Okt.
Sa/So/Fei die historische Kleinbahn
zwischen Müncheberg und Buckow

Rückfahrt

Hst. Neuhardenberg, Busbahnhof
(nur Mo–Fr mehrmals tgl. Busse 936,
937, 966 bis Strausberg Nord, dann
weiter mit S5 bis Berlin Hbf, ca. 2 Std.)
Alternativ Bhf. Seelow-Gusow
(RB26 stdl. bis Bhf. Berlin-Lichtenberg, ca. 55 Min.)

Streckenverlauf

Buckow – Schlosspark – Güntherquelle
– Stobbertal – Großer Tornowsee –
Eichendorfer Mühle – Bauernsee –
Stafsee – Neuhardenberg – Schloss-
park (– Platkow – Gusow)

Streckencharakteristik

Zum Teil sandige Waldwege, wenig
Hartbelag. Nach Gusow auf eher monotonen Waldwegen und Hartbelag

Schwierigkeit

Einfach, mit leichten Steigungen

Beschilderung

Blauer Balken (E11) und lokale Ausschilderung

Information

Touristinformation Märkische Schweiz
Sebastian-Kneipp-Weg 1 ·
15377 Buckow · (03 34 33) 6 59 82 ·
www.maerkischeschweiz.eu

Einkehren

GutsBäckerei
Karl-Marx-Allee 7 · 15320 Neuharden-
berg · (03 34 76) 12 48 00 ·
Mo–Sa 7–18.30, So 7.30–10.30 und
13.30–16.30 Uhr
Neben gutem Kaffee, Kuchen, Eis und
kleinen Speisen locken auch zwei
Ferienwohnungen (2 Pers. ab 49 Euro).

Sehenswertes

Schloss Neuhardenberg
Schinkelplatz · 15320 Neuhardenberg ·
(03 34 76) 60 00 · www.schlossneuhar-
denberg.de · So 13–18 Uhr, Führungen
So 13, 14.30 und 16 Uhr
Gesamtkunstwerk aus Schloss, Schinkelkirche und Landschaftspark mit
anspruchsvollem Kulturprogramm.
Restaurant mit exquisiter, regionaler
Küche, Brennerei mit sehr empfehlens-
wertem Bistro. Zudem sehr komfortable Zimmer (DZ ab 97 Euro).

Schloss Gusow
Schloßstr. 7 · 15306 Gusow ·
(0 33 46) 87 25 · www.schloss-gusow.de ·
Apr.–Sep. Di–So 10–18, Winter verkürzt
Das wenig einladende Schloss beherbergt ein Museum mit Zinnfigurendi-
oramen.

Baden

Badestellen am Schermützel- und Tornowsee sowie am Baggersee in Gusow

Tipp

Im Sommer Mückenschutz mitnehmen.

Tourenkombination

Die Tour ist gut kombinierbar mit der
Tour 8 (► Seite 78).

km 0–18 **Von Buckow nach Neuhardenberg**

Vom Marktplatz in Buckow aus läuft man an der Touristinformation vorbei durch den **Schlosspark** und auf schmalem Pfad am nördlichen Ufer des **Griepensees** entlang, bis hinter dem See rechts eine Brücke zur Lindenstraße führt. Auf dieser geht es links am Besucherzentrum „Schweizer Haus" vorbei zum Hopfenweg, wo einen sogleich die **Güntherquelle** empfängt. Rechts und kurz darauf wieder rechts zweigt der mit **blauem Balken** markierte Weg durch das **Stobbertal** ab. Während auf der linken Seite Erlen, Buchen und andere Bäume das steile Ufer säumen, mäandert rechts das Flüsschen durch das mitunter recht wilde Tal mit allerlei umgefallenen Bäumen – einer der schönsten Abschnitte der Wanderung. Nach etwa 2,5 Kilometer taucht links der **Große Tornowsee** auf. Statt ihn zu umrunden, läuft man weiter geradeaus, immer der Markierung des **E11** folgend durch den Wald, der sich zwischenzeitlich lichtet. Nach rund einer Stunde gelangt man zur **Eichendorfer Mühle**, einem idyllisch gelegenen Privatbesitz. Man lässt sie rechts liegen und wandert im Linksbogen weiter durch den Wald, bis nach einem Kilometer der **Bauernsee** erreicht ist. Weiter geht es durch Kiefern- und Mischwald, wobei sich der markierte Weg um den recht zugewachsenen **Stafsee** herumschlängelt – ebenso wie der Bauernsee ist er nicht zum Baden geeignet. Zuletzt läuft man noch mal gut 3 Kilometer geradeaus auf dem Birkenweg bis zu den ersten Häusern von **Neuhardenberg.** Über die Karl-Marx-Allee steuert man direkt auf die **Schlossanlage** zu. Alle, die nicht nach Gusow weiterwandern möchten, erreichen den Busbahnhof, indem sie die Karl-Marx-Allee ein Stück zurücklaufen und links in die Friedrich-Engels-Straße abbiegen.

Neuhardenberg

Hauptsehenswürdigkeit des langgestreckten Straßendorfs ist das **Schlossensemble.** 1348 unter dem Namen „Quilitz" erstmals urkundlich erwähnt, schenkte Friedrich der Große 1759 den Herrensitz Oberstleutnant von Prittwitz für dessen Verdienste in der Schlacht von Kunersdorf. Der machte sich nun daran, das Gutshaus zu verschönern. Fontane schreibt darüber im Kapitel „Quilitz oder Neu-Hardenberg":

»*Der Bau ward unverzüglich begonnen und war schon bis zu den ersten Steinen des ersten Stocks gediehn, als König Friedrich*

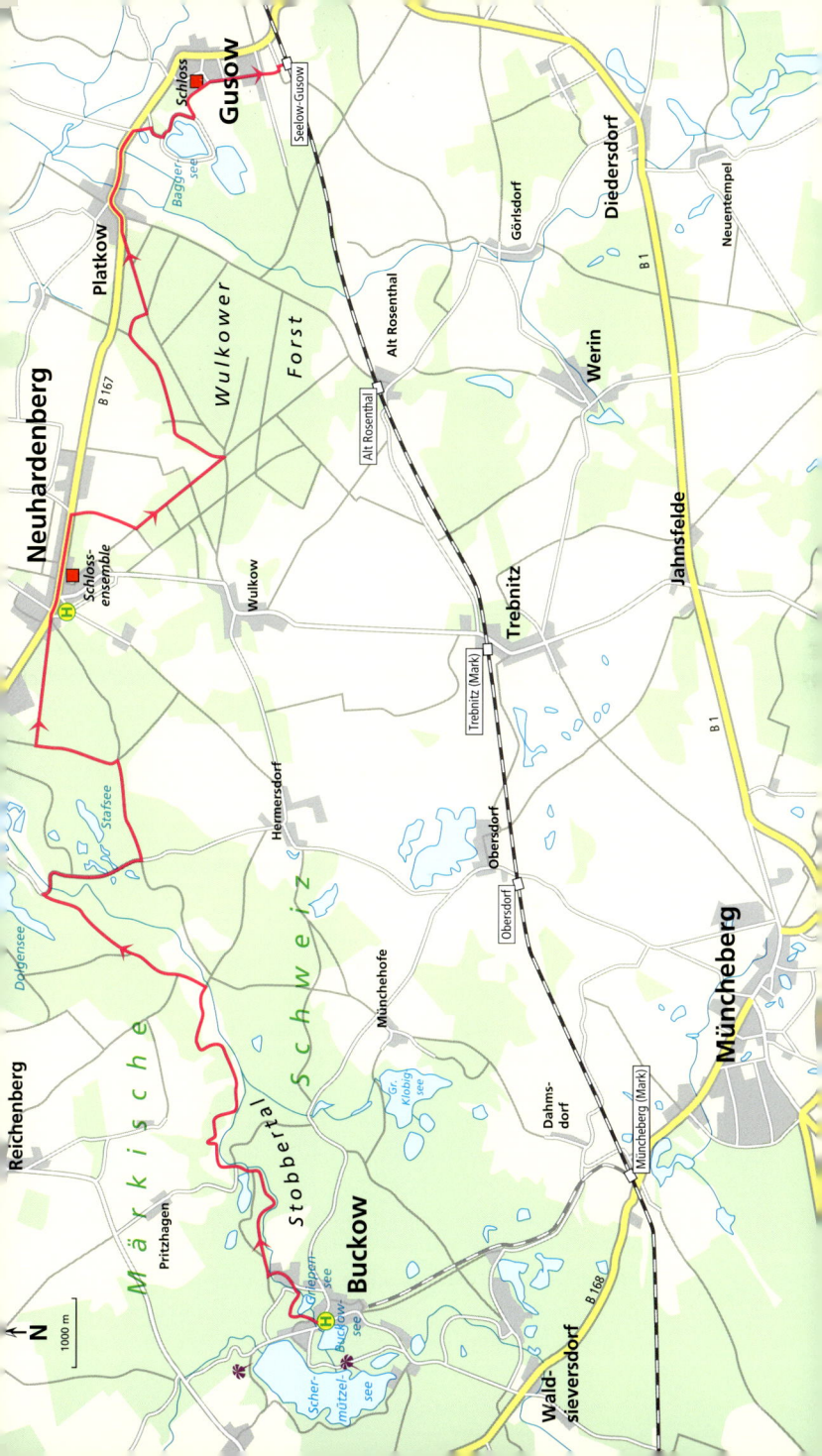

Im wild-romantischen Stobbertal wandert es sich am schönsten

des Weges kam, sei es auf einer seiner Revuereisen in die östlichen Provinzen oder eigens zu dem Zwecke, das Oderbruch und die Melioration desselben zu inspizieren. ‚Prittwitz, Er baut ja ein Schloß! Er will ja hoch hinaus‘, waren die nicht allzu gnädigen Worte, mit denen der König sich an den zur Seite stehenden Oberlieutenant wandte, der nunmehr seinerseits nicht Eiligeres zu tun hatte, als dem Wunsch und Winke des Königs nachzukommen und unter Fortlassung einer Beletage sofort das Dach auf das Erdgeschoß setzen zu lassen.«

Trotzdem ließ von Prittwitz, wie der Dichter erwähnt, dem großen König ein **Denkmal** im Park setzen:

»Die Komposition ist etwas steif, etwas herkömmlich und in vielen Stücken angreifbar, aber dennoch eine gute Durchschnittsarbeit. Ein Säulenstumpf trägt das Reliefbild des großen Königs; ein trauernder Mars, kniend, umklammert von der einen Seite her die abgebrochene Säule, während sich eine aufrecht stehende Minerva von der andern Seite her an den Säulenstumpf lehnt. Das Hauptinteresse, das diese Gruppe einflößt, ist das, daß es das erste Denkmal ist, das dem Andenken des großen Königs errichtet wurde.«

Noch heute erhebt es sich gegenüber vom Schloss über dem kleinen See. Das Schloss selber hat sich indessen stark verändert, nachdem der preußische Staat den Landsitz 1811 zurückgekauft und ihn 1814 Staatskanzler Karl August Fürst von Hardenberg zum Geschenk gemacht hatte. Mit ihm sollten Urbanität, Grazie und Lebensgefühl ins Oderland einziehen. Dazu verwandelte Schinkel den spätbarocken Landsitz in ein elegantes, klassizistisches Palais mit **Kavalierhäusern, Orangerie** und **Wirtschaftsgebäuden.** Durch den Haupteingang des Schlosses mit dreieckigem Giebel gelangt man in ein **Vestibül** mit reichem Stuckdekor sowie Büsten von Homer, Sokrates und Ganymed und weiter in den repräsentativen **Gartensaal.** Von der Innenausstattung mit unzähligen Kunstwerken, die Fontane minutiös aufzählt, ist nur ein Bruchteil erhalten. Doch vermittelt das Interieur nach der aufwendigen Restaurierung einen guten Eindruck vom Lebensgefühl der damaligen Adelsfamilien.

Inzwischen erstrahlt auch die **Schinkelkirche** neben dem Schloss in neuem Glanz. Dieses Kleinod gestaltete der Baumeister zwischen 1814 und 1817 zum klassizistischen Putzbau um. Außen eher puristisch, beeindruckt im Innern vor allem die Decke, die ein blauer Sternenhimmel schmückt. Fontane fasst seinen Eindruck vom Gotteshaus allerdings folgendermaßen zusammen:

»*Das Innere der Kirche – an den Berliner Dom erinnernd und in der Tat um dieselbe Zeit aufgeführt (1817), in der Schinkel die Restaurierung des Domes leitete – ist hell, geräumig, lichtvoll, ein wenig nüchtern. Das Ganze mehr ein Betsaal als ein Kirchenschiff.*«

Es folgt eine genaue Beschreibung des Altars, wobei Fontane eine Kuriosität erwähnt:

»*Der Altar der Kirche weist noch eine andere Sehenswürdigkeit auf: das Herz des Fürsten-Staatskanzlers. Auf einem Kissen ruht es, von einer Glasglocke umschlossen…*«

Zum Gesamtkunstwerk der Schlossanlage gehört ein wunderbarer, weitläufiger **Park** mit riesigen Baumsolitären, den Peter Joseph Lenné unter Mitwirkung von Hermann Fürst von Pückler-Muskau im Stil englischer Landschaftsgärten anlegte. Fontane erwähnt hier den ständigen Disput zwischen dem Schlossherrn und dessen Schwiegersohn, dem recht eigenwilligen Gartenarchitekten Fürst Pückler:

»*Das feine Auge des letztern hatte seit lange gegen die altfränkisch-steife Anlage, die damals noch vorhanden war, protestiert, und das in andrem Sinne feine Gefühl des Schwiegervaters hatte mit gleicher Beharrlichkeit die Neuerungen abgelehnt, weil diese Neuerungen gleichbedeutend waren mit Entfernung eines Dutzend*

Die Schinkelkirche im klassizistischen Baustil

der allerschönsten Bäume. (...) Der Schwiegersohn aber, als er alle Überredungskünste scheitern sah, schritt endlich auf jede Gefahr hin zu Tat und Abhülfe. Ein Kreis nächster Freunde war bei Tisch versammelt, und in dem schon erwähnten Gartensalon aus der Prittwitz-Zeit herrschte jene Tafelheiterkeit, an der das Herz des Fürsten hing und auf deren Pflege und Hervorrufung er sich so wohl verstand. Nun war das Mahl beendet, und Wirt und Gäste traten auf die Veranda hinaus, die den Blick hat auf Wiese und Park und Monument. (...) In der Tat, der Park war während der Stunden des Diners ein andrer geworden, ein solcher, wie er jetzt ist, wie er nach des Schwiegersohnes Ansicht werden mußte. Eine Allee war verschwunden, und wo ein Elsbruch war, war eine Parkwiese entstanden, an deren Ausgang das Wasser des Kanals blitzte. Der Fürst, im ersten Augenblicke sichtlich unangenehm berührt, war doch artiger Wirt und guter Schwiegervater genug, um gute Miene zum bösen Spiele zu machen, und die jetzigen Besucher mögen sich des Einfalls freuen.«

Was der Dichter im 19. Jahrhundert nicht ahnen konnte, ist, dass ein Nachfahr des Fürsten, Carl-Hans Graf von Hardenberg, 1944 als einer der Beteiligten am Attentat auf Adolf Hitler im besagten Gartensaal des Schlosses von der Gestapo festgenommen und ins KZ Sachsenhausen gebracht wurde. Nach Kriegsende folgte die Enteignung durch die DDR, aus Neuhardenberg wurde das sozialistische Musterdorf **Marxwalde.** Erst nach der Wende wurde aus Marxwalde wieder Neuhardenberg und aus dem Schlossensemble ein Musenhof mit internationaler Ausstrahlung.

km 18–29 Von Neuhardenberg nach Gusow

Vom Schloss aus läuft man auf einem der beiden Wege durch die Parkanlage in südlicher Richtung, bis an einer Schranke der asphaltierte Radweg beginnt. Diesen lässt man rechts liegen und wandert weiter geradeaus in den **Wulkower Forst.** Hier folgt man der **blauen Markierung** auf meist schnurgeraden und etwas monotonen Wegen durch den Kiefernwald, bis man in **Platkow** ankommt. Hier zweigt an der B 167 nach ein paar Metern gleich wieder rechts der Wanderweg **E11** nach Gusow ab. Doch statt diesem circa 7 Kilometer langen Weg zu folgen, der weitgehend auf Hartbelag durch den Wald führt, empfiehlt sich die wesentlich kürzere Variante zum **Schloss Gusow.** Dazu läuft man gut 2 Kilometer auf dem Fahrradweg an der B 167 nach Gusow entlang, bis rechts die Straße „Alte Zuckerfabrik" abzweigt. Sie führt zu einem kleinen Teich, den man passiert und zu einer asphaltierten Straße gelangt. Dieser folgt man zunächst rechts, um danach links am Ufer des Baggersees in Richtung **Schlosspark** zu laufen. Über diesen erreicht man auch das Schloss (alternativ über die Breitscheidstraße). Bevor man zum circa 2 Kilometer entfernten Bahnhof läuft, den man über die Schloßstraße, die Paul-Bethge-Straße und die Straße „Siedlung" erreicht – dazu zweimal rechts abbiegen, sollte man einen Blick auf das Schloss werfen.

Beim Park von Schloss Neuhardenberg hat der eigenwillige Fürst Pückler Hand angelegt

Schloss Gusow

Es lässt sich kaum ein größerer Kontrast als der zwischen Schloss Neuhardenberg und Schloss Gusow denken: Ist das eine vorbildlich, fast schon überrestauriert und in jeder Hinsicht einladend, empfängt einen der neogotisch überformte Bau aus dem 17. Jahrhundert in Gusow mit einer lachsrosa Fassade, um die herum reichlich Unkraut sprießt, während die Eingangshalle mit Porzellan, Möbeln und Krimskrams vollgestopft ist. Wer sich vom leicht muffigen Geruch nicht abschrecken lässt, kann sich das **Museum** mit Zinnfiguren-Dioramen, alten Uniformen und anderen Exponaten ansehen und hier sogar übernachten – und sich dabei vielleicht in Tante Amalie aus „Vor dem Sturm" hineinversetzen, die in dem Gebäude ein Hausgespenst wähnte. Aber auch wenn Fontane das Schloss zu einem der Schauplätze seines ersten Romans machte – das Gebäude hat ihn nicht wirklich überzeugt:

»*Das Schloß, architektonisch weder schön noch eigentümlich, besteht aus einem corps de logis und zwei langen, rechteckwinklig vorspringenden Flügeln, die nun einen Schloßhof bilden. Ein breiter Graben umgibt den Bau nach allen vier Seiten hin, der, mit Hülfe dieser Wassereinfassung, wie auf einer künstlichen Insel liegt.*«

Interessanter als das Gebäude fand der Dichter – wie so oft – den Schlossherrn:

»*Alles in Gusow, oder doch alles Beste, was es hat, erinnert an den alten Derfflinger: Schloß, Park-Kirche*«,

schreibt er im Kapitel über Gusow und hält sich relativ lange bei der Biografie des Generalfeldmarschalls Georg Freiherr von Derfflinger auf, der 1606 in Österreich geboren wurde, ursprünglich Schneider gewesen sein will, 1654 in die Dienste des Großen Kurfürsten trat und in der Schlacht von Fehrbellin 1674 den alles entscheidenden Sieg errang. Sein Resümee:

»*Derfflinger war rüstig und stark, und die Natur schien ihn zum Krieger gebildet zu haben. (…) Was seinen Charakter angeht, so leuchtet sein großer Mut hervor (…). Es war ihm ein Stolz, sich aus allerniedrigster Lebenssphäre zur höchsten emporgearbeitet zu haben, und wohl durft er – dazu herausgefordert – dem französischen Gesandten Grafen Rebenac antworten: ,Ja, Herr, der Schneider bin ich. Und hier die Elle, womit er alle feigen Seelen der Läng und Breite nach zu messen pflegt.'*«

Das Interessanteste am Schloss Gusow ist seine Geschichte

Später suchte der Autor noch im – heute etwas verwilderten – Schlosspark und der 1945 zerstörten Kirche nach den Spuren Derfflingers. Neben einem Grabmonument mit Steinsarkophag, wurmstichigem Feldmarschallstab und einer Büste fand er noch das Grabgewölbe unter dem Altar vor:

»*Eine Falltür führt hinab, aber sie pflegt sich keinem Besucher mehr zu öffnen. Diese Maßregel wurde nötig infolge von Unbilden, denen die irdischen Überreste des alten Helden durch viele Jahre hin ausgesetzt waren. Er lag, so hört ich, ein volles Jahrhundert lang in seiner Gruft, ohne daß sich Freund oder Feind um ihn gekümmert hätte. Erst als vor vierzig oder fünfzig Jahren der Sinn für das Heimische lebendig zu werden begann, kamen Reisende von nah und fern, die den alten Derfflinger sehen wollten. Ja, mit der Zeit wurd es Mode, neben dem schönen Gusower Park auch die Gruft des alten Feldmarschalls zu besuchen. Eine Mischung von Frivolität und Kuriositätenkrämerei fing an ihr Spiel zu treiben, und eh ein Dutzend Jahre um war, lag der alte Feldmarschall, wie von Kroaten geplündert, in seinem halb erbrochenen Sarge, nur noch mit zwei großen Reiterstiefeln angetan, die man ihm wohl oder übel gelassen hatte (…). So wurde denn der Tote samt der zerbrochenen Sargkiste, darin er lag, in einen schweren Eichensarg gesetzt und der Deckel ein für allemal geschlossen.*«

Havelland

(Band 3, 1873)

Noch heute schön anzusehen: die Silhouette der Inselstadt Werder ▸ Seite 114

In „Havelland", dem dritten Band der „Wanderungen", widmet sich Fontane nicht etwa wichtigen Städten wie Potsdam oder Brandenburg an der Havel. Vielmehr konzentriert er sich hier auf kleinere, liebenswerte Orte, aus denen er große Geschichten hervorlockt. Sie regen dazu an, Marquardt, Caputh, Paretz oder die Pfaueninsel mit ihren jeweiligen Schlössern von ihrer poetischen, vielleicht auch geheimnisvollen oder düsteren Seite zu erleben. Natürlich darf beim Havelland auch Ribbeck nicht fehlen. Selbst wenn der Ort in den „Wanderungen" gar nicht vorkommt, sondern „nur" in der Ballade, die aber dem eher unscheinbaren Weiler zum Bilderbuchdorf verholfen hat.

10 *Aparter Fluss, rätselvolles Eiland*

Start	Ziel	Länge	Gehzeit
S-Bhf. Wannsee	S-Bhf. Wannsee	22 km	7 Std.

Eine stadtnahe, aber überaus reizvolle Wanderung verbindet den Großen und Kleiner Wannsee mit unzähligen kulturhistorisch interessanten Stationen, die Fontane in seinem Band „Havelland" beschrieben hat. Höhepunkt ist die Pfaueninsel, ein liebenswertes Stück UNESCO-Welterbe, das voller Überraschungen ist. Doch der Weg ist noch mit anderen exotischen Bauwerken in russischem oder alpenländischem Stil gespickt. Und bevor man das Grab des Dichters Heinrich von Kleist erreicht, kann man die vielen Eindrücke in allerlei traditionsreichen Ausflugslokalen sacken lassen. Die Tour lässt sich auch ideal in zwei gemütliche Etappen aufteilen, die jeweils an der Glienicker Brücke starten oder enden.

Schmuckstück im Glienicker Schlosspark: Schinkels Löwenfontäne

Infos zur Tour

Hin- & Rückfahrt

S-Bhf. Wannsee
(S1, S7 ab/bis S-/U-Bhf. Berlin-Fried-
richstr., alle 10 Min., ca. 30 Min.)
Auf halbem Weg: Haltestelle Glienicker Lake
(Bus 316 ab/bis S-Bhf. Wannsee, mind.
zweimal stdl., ca. 10 Min.)

Streckenverlauf

S-Bhf. Wannsee – Heckeshorn –
Pfaueninsel – Glienicker Brücke –
Klein-Glienicke – Hubertusbrücke –
Düppeler Forst – S-Bhf. Wannsee

Streckencharakteristik

Landschaftlich und kulturhistorisch
reizvolle Wanderung auf Wald- und
Uferwegen, teilweise Hartbelag

Schwierigkeit

Einfach

Beschilderung

Berliner Mauerweg vom Seeufer Höhe
Pfaueninsel sowie E11 (rot, blau oder
grün)

Einkehren

Blockhaus Nikolskoe
Nikolskoer Weg 15 · 14109 Berlin ·
(0 30) 8 05 29 14 · www.blockhaus-
nikolskoe.de · Je nach Wetterlage
tgl. 11–19 Uhr
Die historische, zum Teil stark fre-
quentierte Gaststätte von 1819 ist
ein beliebtes Ausflugslokal mit gut-
bürgerlicher, nicht ganz preiswerter
Küche.

Wirtshaus Moorlake
Moorlakeweg 6 · 14109 Berlin ·
(0 30) 8 05 58 09 · www.moorlake.de ·
Sommer tgl. ab 11 Uhr,
Winter Mi–So ab 11 Uhr
Das historische Gasthaus mit großer
Terrasse, das Friedrich Wilhelm IV.
1840 zu Ehren seiner Gattin in bay-
erischem Stil errichten ließ, tischt
solide Küche mit durchschnittlichem
Preis-Leistungs-Verhältnis auf.

Hotel Forsthaus
Stölpchenweg 45 · 14109 Berlin ·
(0 30) 8 05 86 80 · www.hotel-
forsthaus-wannsee.de
Idyllisch gelegenes Hotel mit großem
Garten. Auf der schönen Sommerter-
rasse direkt am Wasser werden Kaffee,
Torten und Eis serviert.

Loretta am Wannsee
Kronprinzessinnenweg 260 ·
14109 Berlin · (0 30) 80 10 53 33 ·
www.loretta-berlin.de · Tgl. ab 12 Uhr
Das Ausflugslokal nahe dem S-Bahnhof Wannsee mit riesigem Biergarten und Almhütte ist ein Klassiker.
Herzhafte Küche, Bier, Cocktails und
allerlei Hüttenzauber.

Baden

Mehrere Badestellen am Großen
Wannsee und an der Havel

Tourenerweiterung

Wer will, kann von Klein-Glienicke aus
auch rechts über die Parkbrücke in den
Park Babelsberg und weiter zum circa
4 Kilometer entfernten Hauptbahnhof
Potsdam laufen.

km 0–2,5 **Vom S-Bahnhof Wannsee bis Heckeshorn**

Vom S-Bahnhof Wannsee wendet man sich auf dem Kronprinzes-sinnenweg nach links und läuft bis zur Königstraße, dort rechter Hand über die Königsbrücke und gleich dahinter rechts in die Stra-ße „Am Großen Wannsee", wo sich schöne Villen, Segelschulen und kleine Jachthäfen am Ufer aneinanderreihen, bis man zur Havel-ausbuchtung Heckeshorn mit dem Flensburger Löwen kommt.

Wannsee

»*Die Havel, um es noch einmal zu sagen, ist ein aparter Fluss (...). Das Blau ihres Wassers und ihre zahllosen Buchten (sie ist tatsäch-lich eine Aneinanderreihung von Seen) machen sie in ihrer Art zu einem Unikum*«,

heißt es im zweiten Band der „Wanderungen". Und genau das bekommt man jetzt zu sehen, wenn der Große Wannsee in den Blick kommt. Unterwegs passiert man zwei geschichtsträchtige Orte, die Fontane nicht kennen konnte: die **Liebermann-Villa,** das 1890 erbaute Sommerhaus des Malers. Denkmalgerecht saniert, sind Haus, Garten und „Café Max" ein wahres Kleinod (Colomier-str. 3 · (0 30) 80 58 59 00 · www.liebermann-villa.de · Apr.–Okt. Mi–Mo 10–18, Do 10–20 Uhr, Nov.–März Mi–Mo 11–17 Uhr).

Ein Stück weiter steht die altehrwürdige Villa, die Gedenk-stätte **Haus der Wannseekonferenz,** die mit einer sehenswerten Ausstellung daran erinnert, dass hier 1942 die Ermordung der Ju-den Europas beschlossen wurde (Am Großen Wannsee 56–58 · (0 30) 8 05 00 10 · www.ghwk.de · Tgl. 10–18 Uhr · Eintritt und Führungen kostenlos).

Kurz darauf erhebt sich rechts auf einem kleinen Platz der **Flensburger Löwe,** eine Skulptur des dänischen Bildhauers Her-mann Wilhelm Blissen, die an den Sieg der königlich-dänischen Truppen über die deutschen Schleswig-Holsteiner im Jahr 1850 erinnern soll.

km **Von Heckeshorn zur Pfaueninsel**
2,5–10

Beim Löwendenkmal geht es links zum Ufer hinunter und von nun an auf mehr oder weniger schmalem Pfad am Wasser entlang. Durch die hohen Bäume ergeben sich immer wieder wunderbare Ausblicke auf die Havelseen, hier und da blitzt ein weißes Segel auf, und nach einer Badestelle taucht die Pfaueninsel auf. Mit der **Fähre,** die

Schloss auf der Pfaueninsel

tagsüber etwa alle 15–20 Minuten hin- und herfährt, gelangt man in wenigen Minuten auf dieses einmalige Stück UNESCO-Welterbe, das man in etwa einer Stunde umrunden kann (Sommer 9– mind. 19 Uhr, Winter 10– mind. 16 Uhr · Hunde sind nicht erlaubt!).

Pfaueninsel

»Pfaueninsel! Wie ein Märchen steigt ein Bild aus meinen Kindertagen vor mir auf: ein Schloss, Palmen und Känguruhs; Papageien kreischen; Pfauen sitzen auf hoher Stange oder schlagen ein Rad, Volièren, Springbrunnen, überschattete Wiesen; Schlängelpfade, die überall hinführen und nirgends; ein rätselvolles Eiland, eine Oase, ein Blumenteppich inmitten der Mark.«

So leitet Fontane sein umfangreiches Kapitel zu dem Gesamtkunstwerk aus Natur und Kultur ein. Er erzählt von dem Alchimisten Johann Kunckel und dessen gescheiterten Versuchen, hier im 17. Jahrhundert Gold herzustellen, von König Wilhelm II., der die romantische Wildnis mit Hilfe von Skizzen seiner Mätresse, Gräfin von Lichtenau, zu einem parkartigen Gelände umgestalten ließ. Unter Friedrich Wilhelm III. kamen dann noch Rosengarten, eine Menagerie mit Tieren, ein russischer Rollberg zum Rutschen und ein Palmenhaus hinzu. Damit kam das Eiland heutigen Themenparks schon recht nahe, und so empfand man es offensichtlich auch zu Fontanes Zeiten.

Die Kängurus und Bären haben ebensowenig überlebt wie die launische Frau Friedrich, die zu des Dichters Zeiten auf der Insel je nach Gusto Kaffee ausschenkte. Das übernimmt heute ein kleiner Imbiss auf der Liegewiese, der im Sommer Kaffee, Kuchen, kühle Getränke und Snacks anbietet.

Von der Fähranlegestelle nach Nikolskoe

Zurück auf dem Festland, läuft man vom Fähranleger ein Stück weiter am Wasser entlang und gelangt zum **Blockhaus Nikolskoe.**

Blockhaus Nikolskoe

Das exotisch anmutende Blockhaus erhebt sich zusammen mit der **Kirche St. Peter und Paul** samt Zwiebelkuppel über dem Ufer (im Sommer tgl., sonst Mi, Fr–So 11–16 Uhr). Fontane zufolge gab für das heute beliebte Ausflugslokal ein Besuch Friedrich Wilhelms III. bei seiner Tochter in Sankt Petersburg den Ausschlag:

»*(…) und wie damals die junge russische Kaiserin ahnungslos die Anregung zum Bau des Blockhauses gegeben hatte, so sollte sie später die Veranlassung zum Bau der Kirche von Nikolskoë werden. (…) Mit ihrem Vater, dem Könige, bei Sonnenuntergang zwischen den Bäumen der Pfaueninsel auf und ab schreitend, äußerte sie ,wie schön und erbaulich es sein müsse, wenn diese Abendstille vom Glockengeläut einer am andern Havelufer errichteten Kapelle durchtönt würde (...)'*«

Vom Blockhaus Nikolskoe zur Glienicker Brücke

Unerwähnt bleibt indessen **Schloss Glienicke,** das sich wenig später links vom Seeufer erhebt.

Schloss und Schlosspark Glienicke

Um 1823 von Karl Friedrich Schinkel in klassizistischem Stil errichtet, erfüllte sich mit ihm für Prinz Carl von Preußen der Traum einer italienisch anmutenden Villa. Auch die benachbarte, erst 1907 errichtete **Glienicker Brücke** kommt in den „Wanderungen" nicht vor.

Von der Glienicker Brücke bis zur Försterei Dreilinden

An der Glienicker Brücke überquert man die Königsstraße und läuft circa 100 Meter nach Osten, bis rechts der **Berliner Mauerweg** abzweigt und um das **Jagdschloss Glienicke** herum nach **Klein Glienicke** führt. Die ehemalige Enklave, der sogenannte „Blinddarm der DDR", überrascht abermals mit exotischer Architektur: Die vier **Schweizerhäuser** in alpenländischem Stil ließ Prinz Carl zwischen 1863 und 1867 erbauen. An ihnen vorbei geht es auf der Waldmüllerstraße zur Wannsee- und dann rechts in die Griebnitzstraße. An

Von der berühmten Glienicker Brücke kannte Fontane nur der Vorgängerbau

den letzten Villengrundstücken vorbei mündet sie in einen schönen, breiten Uferweg. Links säumt ihn Buchen- und Mischwald,
rechts das Wasser, von der gegenüberliegenden Uferseite grüßen
die prächtigen Villen von **Neubabelsberg.** Immer dem Wasser folgend gelangt man in weitem Bogen um den **Hirschberg** zum Hotel-
Restaurant „Forsthaus" nahe dem **Stölpchensee.** Hier geht es rechts
auf der Hubertusbrücke über den Prinz-Friedrich-Leopold-Kanal
und geradeaus weiter in den **Düppeler Forst.** Erst überquert man die
Kohlhasenbrücker Straße (Haltestelle von Bus 118 nach Wannsee!),
dann läuft man unter den Bahngleisen hindurch und noch ein Stück
weiter geradeaus, bis nach circa 150 Metern links ein **blau markierter Waldweg** in Richtung Norden abzweigt. Auf dem wandert
man jetzt inmitten von haushohen Kiefern, Birken und Buchen über
mehrere Weggabelungen hinweg bis zur Försterei Dreilinden.

Försterei Dreilinden

Hier weist ein unscheinbares Schild auf das Grab von Friedrich
Bensch, der unter anderem Direktor einer Schiffsreederei war und
bei Fontane Erwähnung findet. Wesentlich ausführlicher schreibt
er über seine Begegnung mit dem **Jagdschloss Drewitz** von Prinz
Friedrich Karl, das hier einst stand:

》*Es war in Novembernebel, daß ich Dreilinden zum ersten
Male sah. Aber nun hatten wir Sommer, und ich brach auf, diesmal*

einfach als ‚Wanderer' und zu Fuß, um das Jagdhaus, das mir bis dahin nur ein Nebelbild gewesen war, auch in hellem Tagessscheine zu sehn. (…) Und ein prächtiger Junitag war's. Erst am Wannsee, dann am Wald hin, schritt ich ‚andächtiglich fürbaß', bis ich, nach kurzem Marsch in heißem Sonnenbrand, in den Wald selbst einbog und alsbald eines Giebeldachs unter Zweigen und gleich danach einer dicht an den Weg herantretenden Dulcamarahecke gewahr wurde, deren gelb und violette Blütenpracht, wuchernd fast, aus dem dichten Blattgrün hervorschimmerte.«

Von der Försterei Dreilinden zum S-Bahnhof Wannsee

km 21,4–22

Läuft man hier links weiter, führt schließlich eine Treppe zur Königstraße hinunter. Auf der gegenüberliegenden Seite gelangt man zum S-Bahnhof Wannsee. Wer zuvor noch das **Grab von Heinrich von Kleist** und dessen Geliebter Henriette Vogel sehen möchte, wendet sich an der Königstraße nach links und gleich danach wieder links in die Bismarckstraße, wo nach circa 100 Metern rechts der **Kleistpark** mit den beiden Gräbern liegt.

»Ein noch größeres Interesse weckt das etwa 1 000 Schritt von Dreilinden unmittelbar am kleinen Wannsee gelegene Grab von Heinrich von Kleist. (…) Die Stätte selbst ist seit Eröffnung der in geringer Entfernung vorüberführenden Grunewaldbahn eine vielbesuchte Pilgerstätte geworden, und in schöner Jahreszeit vergeht wohl kein Nachmittag, an dem nicht Sommervergnüglinge von Station Neu-Babelsberg her aufbrächen, dem toten Dichter ihren Besuch zu machen.«

Über genau diese Sommervergnüglinge berichtet er mehr als über Kleist selbst. Immerhin zitiert er die Inschrift auf dem Grabstein:

*»Heinrich von Kleist
Geboren 10. Oktober 1777,
gestorben 21. September 1811*

*Er lebte, sang und litt
In schwerer, trüber Zeit,
Er suchte hier den Tod
Und fand Unsterblichkeit«*

11 *Auf den Spuren von heiteren und ernsten Landpartien*

Start	**Ziel**	**Länge**	**Gehzeit**
Caputh Schloss bzw. Bhf. Schwielowsee	Haltestelle Baumgartenbrück	15 km	4 Std.

„Der Schwielowsee ist breit, behaglich, sonnig und hat die Gutmütigkeit aller breit angelegten Naturen", beschreibt Fontane die große Havelausbuchtung südlich von Potsdam und charakterisiert den See sehr treffend. Tatsächlich ist er ein besonders idyllisches Stück Havelland. Hübsche Dörfer, Wälder, Wiesen und dichte Schilfgürtel säumen seine Ufer. Kein Wunder, dass er schon seit Jahrhunderten beliebtes Ziel von Sommerfrischlern und Ausflugsgästen ist. Die haben zu so manchen Sehenswürdigkeiten beigetragen, die die Strecke säumen. So wandelt man, wenn man den See umrundet, nicht nur auf des Dichters Spuren, sondern auch anderer illustrer Persönlichkeiten.

Der Schwielowsee ist schon seit Jahrhunderten beliebtes Ausflugsziel

Infos zur Tour

Hinfahrt
Haltestelle Caputh Schloss
(S7, RE1, RB21, RB22 bis Potsdam Hbf
ab Berlin Hbf, dann weiter mit Bus 607,
stdl., ca. 55 Min.)
Alternativ Bhf. Schwielowsee
(RB23 ab Potsdam Hbf,
ca. 50 Min. und 10 Min. Fußweg)

Rückfahrt
Haltestelle Baumgartenbrück
(Bus 631 stdl. bis Potsdam Hbf oder
Bhf. Werder (Havel), dort weiter mit
RE1 bis Berlin Hbf, mind. 55 Min.)

Information
Touristinformation Schwielowsee
Straße der Einheit 3 ·
14548 Schwielowsee (OT Caputh) ·
(03 32 09) 7 08 99 ·
www.schwielowsee-tourismus.de

Streckenverlauf
Caputh/Schloss – Fähranlegestelle –
Ferch – Petzow – Baumgartenbrück

Streckencharakteristik
Landschaftlich und kulturell reizvolle
Wanderung auf Wald- und Wiesen-
wegen, dicht am Wasser, mit kurzen
Abschnitten auf ruhigen Straßen

Schwierigkeit
Einfach, mit geringen Steigungen

Beschilderung
Roter, zum Teil grüner Querstrich (F6)

Einkehren
Landhaus Ferch
Dorfstr. 41 · 14548 Schwielowsee
(OT Ferch) · (03 32 09) 7 03 91 ·

www.landhaus-ferch.de · Apr.–Okt.
tgl., sonst Mi–So ab 11.30 Uhr
Das freundliche Hotel-Restaurant mit
Panoramablick auf den Schwielowsee
lädt zu schmackhafter Küche ein.
Außerdem kann man in komfortablen
Zimmern übernachten (DZ ab 63 Euro).

Frucht-Erlebnis-Garten
Fercher Str. 60 · 14542 Werder
(OT Petzow) · (0 33 27) 4 69 10 ·
www.sandokan.de ·
Garten, Hofladen und Café Mo–Fr
10–17 Uhr, Restaurant Sa/So
11–18 Uhr
Hofladen, Café und ein hübsches
Restaurant, in denen sich alles um
Sanddorn dreht, der hier angebaut
und verarbeitet wird.

Baumgartenbrück
Baumgartenbrück 4 ·
14548 Schwielowsee (OT Geltow) ·
(0 33 27) 5 52 11 ·
www.baumgartenbrueck.de ·
Do–So 12–20 Uhr
Beliebte Traditionsgaststätte mit
Gartenterrasse und gediegener märkischer Küche.

Sehenswertes
Schloss Caputh
Str. der Einheit 2 ·
14548 Schwielowsee ·
033209 70345 · www.spsg.de ·
Apr. Sa/So 10–17.30, Mai–Okt. Di–So
10–17.30, Nov.–März Sa/So 10–16 Uhr

Baden
Strandbäder in Caputh und Ferch
sowie diverse Badestellen

Schwielowsee

Schon 1869, als Fontane nach Caputh kam, war der Schwielowsee ein beliebtes Ausflugsziel. Wobei der Verfasser des Bands „Havelland" mit seinem geschulten Blick minutiös zwischen heiteren
und ernsten Landpartien unterscheidet. Bei den heiteren scheint
die Welt aus lauter weißgekleideten Mädchen mit rosa Schleifen
zu bestehen, von denen immer drei auf den Namen Anna und
sechs auf den Namen Martha hören. Eine Landpartie von der anderen Sorte beschreibt er dagegen folgendermaßen:

»*Zwei Herren, Fünfziger, mit großen melierten Backenbärten,
Lebemänner aus der Schicht der allerneusten Torf- und Ziegel-
aristokratie, sprangen mit berechneter Leichtfüßigkeit vom Wagen und gaben dadurch Gelegenheit, das im Wagen verbliebene Re-
siduum der Gesellschaft besser überfliegen zu können. Das meiste
war Staffage, bloße Najaden und Tritonen, die als Beiwerk, auch
wohl als Folie notwendig dasein müssen, wenn Venus aus den Wellen steigt. Wem die Rolle der letztern oblag, darüber konnte kein
Zweifel sein. Sie war dreißig, überthronte das Ganze, trug das Haar
kurzgeschnitten à la Rosa Bonheur und hielt eine große italienische
Laute auf ihren Knien. Übrigens war sie wirklich hübsch; alles im
Brunhilden-Stil; dieselbe weiße Hand, die jetzt auf der Laute ruhte,
hätte auch jeden beliebigen Stein fünfzig Ellen weit geschleudert.*«

Schloss Caputh

Anschließend wendet sich der Dichter dem Dorf zu, das damals
mit seiner Kahnflotte zu einem der größten der Mark angewach-
sen war. Auch zu Fontanes Zeit war die Hauptsehenswürdigkeit
des Orts das **Barockschloss**. 1662 hatte es der Große Kurfürst seinem General de la Chièze geschenkt, der den in Trümmern lie-
genden spätgotischen Bau wieder aufbaute. Nach dessen Tod entstanden für Kurfürstin Dorothea der wunderbare Fliesensaal im
Souterrain und das große Deckengemälde von Antoine Pesne im
großen Saal, die auch heute nach der vorbildlichen Sanierung be-
eindrucken. Nachdem sich Königin Sophie Charlotte, Dorotheas
Nachfolgerin in Caputh, lieber in Charlottenburg aufhielt, schlug
die große Stunde des Schlosses noch einmal, als 1709 König
Friedrich IV. von Dänemark und Friedrich August von Polen auf
Einladung Friedrichs I. auf einer prächtigen Jacht hierher kamen.
Doch das war längst Geschichte, als Fontane das Schloss 1869 be-

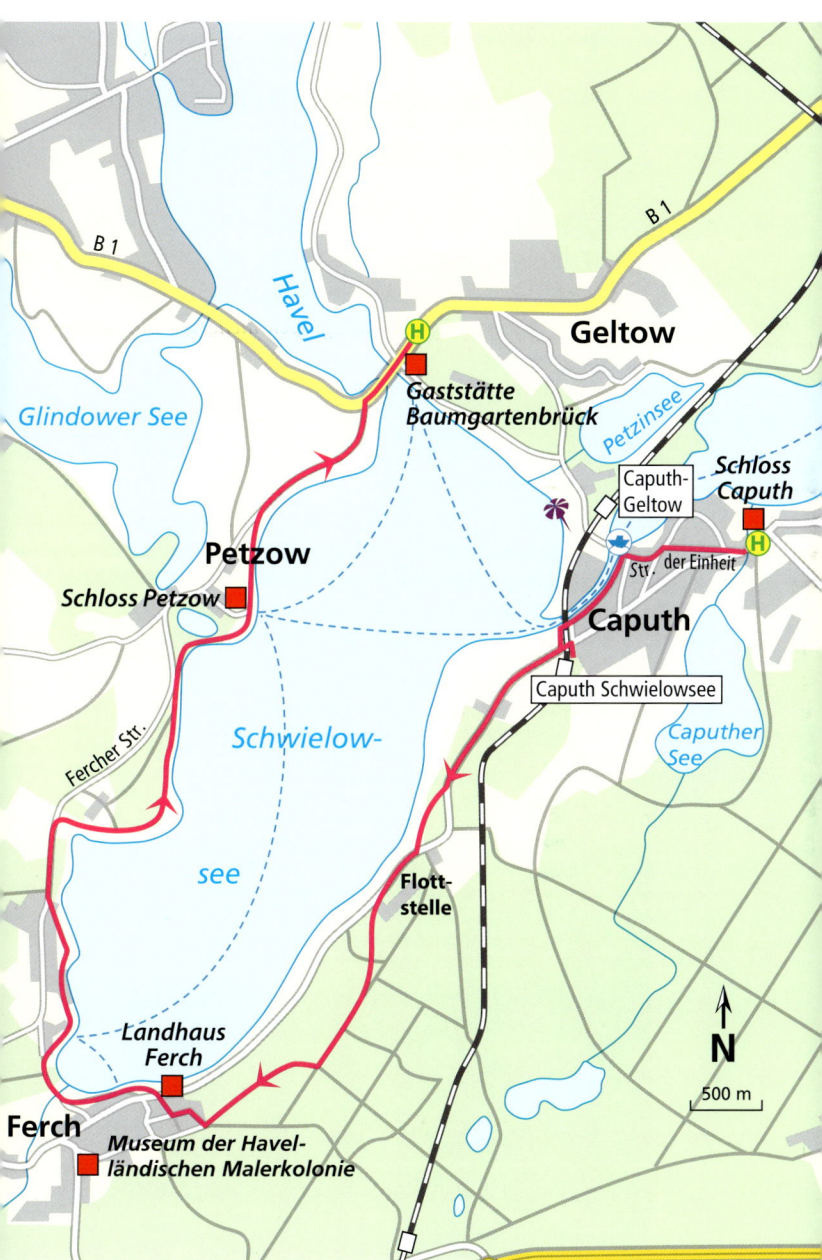

Geltow

B 1

B 1

Havel

H

Gaststätte
Baumgartenbrück

Glindower See

Petzinsee

Caputh-
Geltow

Schloss
Caputh

H

Petzow

Schloss Petzow

Str. der Einheit

Caputh

Caputh Schwielowsee

Caputher
See

Fercher Str.

Schwielow-

see

Flott-
stelle

N

500 m

Landhaus
Ferch

Ferch

Museum der Havel-
ländischen Malerkolonie

sichtigte. Inzwischen waren die Tapeten verblasst, überall fand er Nippsachen, die die für ihn aber durchaus Charme entfalteten:

»*Ich schwelgte im Anblick dieser wonnigen Nichtigkeiten. Kaum ein Inhalt und gewiß keine Idee, und doch, bei so wenigem, so viel! (…) Wie wohltuend das Ganze, wie erheiternd.*«

Die von Friedrich August Stüler in neoromanischem Stil entworfene **Dorfkirche** lässt der Dichter dagegen unerwähnt, und natürlich auch Einsteins Sommerhaus, das er nicht kennen konnte. Wer es sich ansieht, wird von der schlichten Schönheit des Anwesens, in dem sich Nobelpreisträger versammelten, beeindruckt sein (Am Waldrand 15–17 · Apr.–Okt. Sa/So/Fei 10–18 Uhr).

km 0–6,5 **Vom Schloss Caputh nach Ferch**

Wer am Schloss Caputh startet, läuft auf der Straße der Einheit zur **Fähranlegestelle.** Hier geht es nun an der schönen Uferpromenade entlang, bis kurz vor der Brücke. Hier wendet man sich nach links und folgt der Schwielowseestraße, vorbei am Bahnhof Schwielowsee, dem alternativen Startpunkt, nach **Ferch.** Nach etwa einem Kilometer führt rechts ein Waldweg in Richtung Seeufer. Man folgt diesem 1,5 Kilometer und nähert sich bei **Flottstelle** der Straße mit einer Bushaltestelle. Jedoch wandert man noch eine Weile rechts weiter, bis der Weg über die Straße hinweg und auf der linken Straßenseite in den Wald hinaufführt. Hier läuft man jetzt auf dem Hu-

Zu Fontanes Zeiten voller Nippsachen: Schloss Caputh

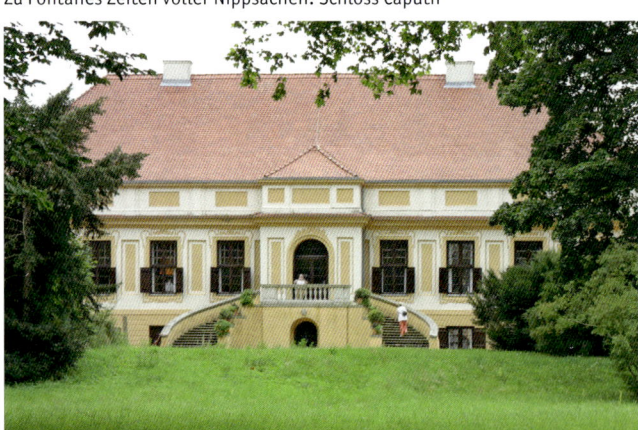

Auch die neoromanische Kirche von Stüler lohnt den Besuch

teeichenweg oberhalb der Straße durch schöne Waldlandschaft. An einer Raststelle zweigt der Weg rechts ab und verläuft ein Stück weiter unterhalb parallel zur Straße, bis er an einem Campingplatz rechts nach Ferch führt. Noch einmal geht es ein Stück an der Straße entlang, dann erreicht man kurz nach dem Ortseingang beim **Landhaus Ferch** die Uferpromenade, wo der Weg nun immer am Wasser verläuft. Doch lohnt es, zwischendurch einen Abstecher in den Ort zu machen.

Ferch

Auch Ferch ist ein beliebter Erholungsort. Zugleich zieht es seit langem Künstler, insbesondere Landschaftsmaler, an. Die Zeit der so genannten „Pleinairisten" begann bereits zu Fontanes Zeiten, als Karl Hagemeister hier die Havelländische Malerkolonie begründete. Immerhin führen der Kunstpfad Ferch und das **Museum der Havelländischen Malerkolonie** auf ihre Spuren (Beelitzer Str. 1 · Mai–Okt. Mi–So 11–17, im Winter nur Sa/So). Bevor man weiterwandert, sollte man auch noch einen Blick auf die hübsche **Dorfkirche** von 1630 werfen.

Von Ferch nach Petzow   **km 6,5–11,5**
Zurück an der Uferpromenade geht es immer weiter zwischen dem Schilfgürtel und Gartengrundstücken entlang – Schilder weisen

teilweise auf die Künstler hin, die hier früher wohnten. Am Ortsende quert der Wanderweg indessen die Straße nach Petzow und verläuft auf der linken Straßenseite auf dem Fahrradweg. Am ehemaligen Restaurant „Seeblick" läuft man dann wieder rechts über die Straße hinweg in Richtung See. Nun geht es durch Waldlandschaft mit Eichen und Buchen, wobei das Wasser immer wieder zwischen den Bäumen durchschimmert, bis man nach circa 5 Kilometern **Petzow** erreicht. Durch die Schilfgürtel hindurch führt der Weg rechts durch den **Schlosspark** und am Haussee vorbei zum **Schloss Petzow** mit Schiffsanlegestelle, dessen Innenbereich zurzeit zu Privatwohnungen umgebaut wird.

Petzow

Zum Schloss Petzow heißt es bei Fontane:

»*Das Schloß, in seiner gegenwärtigen Gestalt, wurde nach einem Schinkelschen Plane ausgeführt. Es zeigt eine Mischung von italienischem Kastell- und englischem Tudorstil, denen beiden die gotische Grundlage gemeinsam ist. Der Bau, wie er sich unter Efeu und Linden darstellt, wirkt pittoresk genug, ohne daß er im übrigen besonders zu loben wäre. Es ist bemerkenswert, daß alles Gotische oder aus der Gotik Hergeleitete auf unserm märkischen Boden seit Wiederbelebung dieses Stils (einer Epoche, die kaum zwei Menschenalter zurückliegt), nicht gelingen wollte.*«

Auch die **Dorfkirche** in romanischem Stil, die um 1842 die alte durch einen Bau von Gustav Emil Prüfer nach Entwürfen Schinkels ersetzte, konnte den Autor nicht wirklich überzeugen ((03 38 41) 9 14 42 · März–Okt. Sa/So 11–18, Nov.–Feb. 13–17 Uhr). Er vergleicht sie mit einer hohlen Nuss. Was ihn immerhin versöhnt, ist die Aussicht von ihrem **Turm:**

»*Aber so leer und kahl sie ist und so verstimmend diese Kahlheit wirkt, so gewiß ist es doch auch, daß man im Hinaustreten auf das Flachdach des Turmes diese Verstimmung plötzlich und wie auf Zauberschlag von sich abfallen fühlt. Sie geht unter in dem Panorama, das sich hier bietet. Die ‚Grelle', eine tiefe Flußbucht, liegt uns zu Füßen; unmittelbar neben ihr der Glindower See. Die Havel und der Schwielow, durch Landzungen und Verschiebungen in zahlreiche blaue Flächen zerschnitten, tauchen in Nähe und Ferne auf und dehnen sich bis an den Horizont, wo sie mit dem Blau des Himmels zusammenfließen.*«

Von Petzow nach Baumgartenbrück

Diesen Eindruck wird man mehrfach teilen, wenn man vom Herrenhaus weiter am Wasser entlangwandert. Wer mag, wirft noch einen Blick auf das historische **Waschhaus** (Mitte Apr.–Mitte Okt. So 13–17 Uhr), dann folgt man den Hinweisschildern nach **Geltow** durch Schilf und Wiesen, bis der Weg die Straße nach Geltow quert und auf der linken Straßenseite verläuft. Vorbei am „Resort Schwielowsee" und dem Sanddorngarten auf der anderen Straßenseite gelangt man schließlich zur großen Kreuzung an der Havelbrücke, wo es rechts mit schönem Blick auf die Inselstadt Werder nach **Baumgartenbrück** geht. Am Ende der Brücke führt rechts eine Treppe zu dem **Traditionsgasthaus Baumgartenbrück** am Wasser hinunter, von dem schon Fontane schwärmte:

»*(...) ein Vergnügungsort für die Potsdamer schöne Welt, die mehr und mehr anfing, ihren Brauhausberg und ihren Pfingstberg den Berlinern abzutreten und sich eine stille Stelle für sich selbst zu suchen. (...) Es vereinigt sich hier alles, was einem Besuchsorte zu Zierde und Empfehlung gereichen kann: Stille und Leben, Abgeschlossenheit und Weitblick, ein landschaftliches Bild ersten Ranges und eine vorzügliche Verpflegung. (...) Ist es hier schön zu allen Tageszeiten, so waltet hier ein besonderer Zauber um die sechste Stunde; dann schwimmen, kommend und gehend, aus dem Schwielow hinaus und in den Schwielow hinein, aber alle von der Abendsonne beschienen, die Havelkähne in ganzen Geschwadern heran, und zwischen ihnen hindurch gleitet von Werder her der obstbeladene Dampfer.*«

Die geschmähte Dorfkirche von Petzow

Mit ähnlichen Eindrücken kann man sich hier vom Schwielowsee verabschieden und in den Bus nach Potsdam steigen.

12 *Das Spukschloss am Schlänitzsee*

Start	Ziel	Länge	Gehzeit
Bhf. Werder	Bhf. Marquardt	12 km	3 Std.

Sowohl die Inselstadt Werder als auch Marquardt hat Fontane ausführlich im Band „Havelland" beschrieben. Über Marquardt meinte er sogar ein mustergültiges Kapitel, gewürzt mit Historie, Anekdoten und Spukgeschichten, abgeliefert zu haben. Beide Orte verbindet ein reizvoller Weg, der an der Wublitz entlang durch ein stilles, ländliches Stück der Insel Potsdam mit den Dörfern Nattwerder und Grube führt. Etwas ungünstig ist die Lage der Inselstadt Werder südlich vom Bahnhof, die einen Umweg erfordert. Hier kann man sich entweder mit dem Bus behelfen oder, statt die Tour zu Fuß zurückzulegen, gleich aufs Fahrrad steigen – die bequemen Wege durch flache Landschaft sind dafür gut geeignet.

Ob auch Fontane unter der Eiche am Marktplatz von Werder flaniert ist?

Infos zur Tour

Hinfahrt
Bhf. Werder
(RE1 ca. alle 30 Min. ab Berlin Hbf,
ca. 35 Min.)

Rückfahrt
Bhf. Marquardt
(RB21 bis Bhf. Wustermark, dann
weiter mit RE4 nach Berlin Hbf, stdl.,
ca. 1 Std., Mo–Fr z. T. auch direkt mit
RB21 bis Berlin Hbf, 50 Min.)

Streckenverlauf
Werder – Schloss Golm – Nattwerder –
Grube – Marquardt

Streckencharakteristik
Reizvolle Wanderung auf meist be-
festigten Wald- und Feldwegen am
Ufer der Wublitz entlang, teils mit
Hartbelag

Schwierigkeit
Einfach

Beschilderung
F2.2 und F3 (Fahrradrouten) und
lokale Ausschilderung

Information
Touristinformation Werder
Kirchstr. 6/7 · 14542 Werder · (0 33 27)
4 31 10 · www.werder-havel.de
Mitte Apr.–Mitte Okt. Mo/Di/Do/Fr
10–12 und 13 –17 Uhr, Sa/So 13–17
Uhr, im Winter Mo/Di/Do 10–14 Uhr

Einkehren
Fischrestaurant Arielle
Fischerstr. 33 · 14542 Werder ·
(0 33 27) 4 56 41 ·
www.fischrestaurant-arielle.de ·

Apr.–Okt. tgl. 11.30–22 Uhr,
Nov.–März Di–So 11.30–23 Uhr
Wer den Umweg in die Inselstadt in
Kauf nimmt, kann sich vor der Tour mit
Fischsuppe, frisch gebratenem Wels
oder pochiertem Zander stärken und
den Blick vom Lokal oder der großen
Terrasse übers Wasser schweifen
lassen. Auch Zimmervermietung.

Zum alten Krug
Hauptstr. 2 · 14476 Potsdam
(OT Marquardt) · (03 32 08) 5 72 33 ·
www.krug-marquardt.de ·
Di–Do 16–22, Fr–So/Fei 12–22 Uhr, im
Winter z. T. weitere Schließtage
Ob am Kaminfeuer oder im Biergarten
– in der Traditionsgaststätte kommt
gutbürgerliche, regionale Küche auf
den Tisch.

Lavendelhof
Hauptstr. 3 · 14476 Potsdam
(OT Marquardt) · (03 32 08) 2 21 87 ·
www.lavendelhof-marquardt.de ·
Di–So ab 14 Uhr, je nach Wetter nur
Fr–So geöffnet
Nettes Gartencafé, das Kaffee, Ku-
chen, kleine Speisen und freitags auch
Pizza aus dem Lehmofen serviert.

Baden
Badestellen am Großen Zernsee und
Schlänitzsee

Tourenkombination
Die Ausflugtour lässt sich gut mit
der Wanderung um den Schwielowsee
(▶ Seite 106) und der von Marquardt
nach Paretz (▶ Seite 120) kombinieren. Ansonsten lässt sie sich auch
bequem mit dem Fahrrad machen.

km 0–5 **Von Werder nach Nattwerder**

Vom Bahnhof Werder aus läuft man in östlicher Richtung und überquert die Havel auf der Eisenbahnbrücke, wo rechts die Stadt Werder liegt und sich links der **Große Zernsee** ausbreitet. Es ist ein ähnlicher Blick, wie ihn Fontane von der etwas südlicheren Havelbrücke aus hatte, als er mit dem Zug aus Berlin kam. Da schwärmte er von dem prächtigen See- und Flusspanorama,

> »(…) das die große Havelbrücke eine Meile westwärts von Potsdam vor ihm [dem Reisenden, Anm. der Autorin] auftut und das ihm nach rechts hin eine meilenbreite, segelbedeckte Fläche, nach links hin eine giebelreiche, rot und weiß gemusterte, in dem klaren Havelwasser sich spiegelnde gotische Kirche zeigt. Um sie herum ein dichter Häuserkranz: Stadt Werder.«

Werder

Wer den Umweg in die historische Altstadt von Werder in Kauf nimmt – also circa drei Kilometer durch Siedlungsgebiet läuft bzw. mit dem Bus dorthin fährt –, wird nicht nur die idyllische Inselstadt mit hübschen Läden und Lokalen am Wasser entdecken, die sich in den letzten Jahren enorm herausgeputzt hat. Er kann sich auch die **Kirche Zum Heiligen Geist,** die Wahrzeichen der Inselstadt ist, genauer ansehen. Fontane meinte, dass sie aus der Nähe betrachtet zu beanstanden, aber als Landschaftsdekoration von seltener Schönheit sei. Was dem gelernten Apotheker besonders ins Auge fiel, war das Altargemälde „Christus als Apotheker", das auch heute noch Besucher in Erstaunen versetzt.

Ansonsten weckte der Besuch in Werder bei dem Autor Erinnerungen

Sacrow-Paretzer Kanal bei Marquardt

an die „Werderschen", jungen Frauen, die in seiner Jugend in Berlin das beliebte Obst aus der Gegend verkauften. Dazu reimte der Dichter ein paar passende Verse und man kann nur darüber spekulieren, welche Kommentare er über die Besucher der heute so beliebten, feuchtfröhlichen Baumblütentage abgegeben hätte:

»*Blaue Havel, gelber Sand,*
Schwarzer Hut und braune Hand,
Herzen frisch und Luft gesund
Und Kirschen wie ein Mädchenmund.«

Hat man die Eisenbahnbrücke passiert, hält man sich links, um möglichst dicht am **Ufer der Havel** entlang- und keinesfalls nach Golm zu laufen. Der Weg führt an allerlei Gartengrundstücken hinter dem Deich vorbei. Dann umwandert man das Hotel „Schloss Golm" auf dem Golmer Damm und wandert weiter geradeaus auf dem Mühlendamm, an Wiesen, Pappeln und bewaldeten Abschnitten mit kleinen Gräben und Sümpfen vorbei, wobei man immer wieder einen schönen Blick auf die **Wublitz** hat, die sich links durch die Landschaft schlängelt. Schließlich ist **Nattwerder** erreicht.

Nattwerder

Das winzige Nattwerder, das zum Potsdamer Ortsteil Grube gehört, wurde 1685 von Schweizer Kolonisten aus Bern gegründet, als der Kurfürst Friedrich Wilhelm das menschenleere Golmer Bruch bevölkern wollte. Aus dieser Zeit stammt auch die reformierte **Kirche,** die die älteste von Potsdam ist und sich fast vollständig erhalten hat. In ihrer Schlichtheit zeugt sie vom calvinistischen Geist der Gründer und lädt hin und wieder auch zu Konzerten ein.

Von Nattwerder nach Marquardt   km 5–12

An der Kirche vorbei wandert man rechts auf der Dorfstraße und danach wieder rechts aus dem Ort hinaus und gelangt auf dem Nattwerder Weg nach **Grube.** Auch in diesem wesentlich größeren und bis aufs 13. Jahrhundert zurückgehenden Dorf hat eine hübsche **Dorfkirche** die Zeit von 1690 überdauert. Man durchquert das Dorf, bis die Neue Dorfstraße in den Schlänitzseer Weg mündet. Noch eine ganze Weile geht es durch Felder und Wiesen, dann an Kleingärten vorbei über den Königsdamm hinweg in den Weg „Am Wiesenrain", der zum **Sacrow-Paretzer Kanal** führt. Hier läuft man rechts weiter bis zur Eisenbahnbrücke, überquert sie, um dann gleich wieder links am Kanal weiterzulaufen, bis rechts der mit **blauem Punkt** markierte Weg in den weitläufigen **Schlosspark** von **Marquardt** abzweigt. Vorbei an einer **Badestelle** bringt er einen zwischen jahrhundertealten Bäumen zum **Schloss.** Wenn man den Schlosspark in östliche Richtung verlässt, führt die Fahrländer Straße nach rund 450 Metern zum Bahnhof.

Marquardt

»*Der prächtige, zwanzig Morgen große Park nimmt uns auf. (…) in mehreren Terrassen (…) steigt er zu dem breiten, sonnenbeschienenen Schlänitz-See nieder, an dessen Ufern, nach Süden und Südwesten hin, die Kirchtürme benachbarter Dörfer sichtbar werden. Mit der Schönheit seiner Lage wetteifert die Schönheit der alten Bäume: Akazien und Linden, Platanen und Ahorn, zwischen die sich grüne Rasenflächen und Gruppen von Tannen und Weymouthskiefern einschieben.*«

So beschreibt Fontane seinen Eindruck vom Schlosspark. Ihm und dem Schloss, das sich über dem Park erhebt, hat er sein Kapitel über die „Geheimen Gesellschaften im achtzehnten Jahrhundert" gewidmet, da hier Sitzungen mit schwarzer Magie stattgefunden haben sollen.

Bis heute scheint das **Schloss** zumindest ein Hauch des Geheimnisvollen zu umwehen. Nachdem es als Guts- und Herrensitz erstmals im 14. Jahrhundert erwähnt wurde, wechselten sich hier die unterschiedlichsten Besitzer ab und fügten dem Bau das eine oder andere hinzu, sodass sich an ihm neobarocke, Rokoko- und andere Elemente vermischen. Die letzte große Umgestaltung erfuhr das Gebäude um 1912, als ein weiterer Flügel mit Saal und die große Terrasse zum See hin entstanden. Nach der Wende ging das Schloss in Privatbesitz über. Noch immer harrt es einer abschließenden Sanierung, ist aber dennoch – oder gerade deswegen – beliebte Kulisse für Filme wie Steven Spielbergs „Bridge of Spies". Außerdem finden hier im Sommer viele Hochzeiten statt. Die spannendste Epoche durchlebte das Schloss Fontane zufolge in der Zeit um 1795, als General Hans Rudolf von Bischofswerder den Herrensitz übernahm:

»*Unter ihm blühte nicht nur das neobarocke Herrenhaus auf mit Hilfe von Friedrich Wilhelm II., für den er sich als Minister unentbehrlich gemacht hatte. Nachdem er als solcher seine Pflichten erfüllt hatte, heiratete er 1789 zum zweiten Mal und damit nahm das Idyll seinen Anfang.*«

Später soll der König wiederholt zu Besuch gekommen sein, um an Sitzungen in der Blauen Grotte teilzunehmen, wo – durch eine geheime, doppelte Wandung – leiser Gesang dem erlauchten Gast allerlei kryptische Botschaften einhauchte. Bischofswerder wurde nach seinem Tod auf eigenen Wunsch in einer Gruft zwischen Schloss und Grotte bestattet. Seine Witwe, die im Dorf als habsüchtig-ehrgeizig und bigott-katholisch fortlebte, soll auch nach ihrem Tod 1833 noch im Dorf weitergespukt haben:

»*Die Rundgruft im Park schloss sich zum zweiten Mal; aber die ‚Gräfin‘, wie man sich im Dorfe erzählt, kann nicht Ruhe finden. Oft in Nächten ist sie auf. Sie kann von Haus und Besitz nicht lassen. Sie geht um. (…) Noch vor zwanzig Jahren wurde sie gesehen, in schwarzer Robe, das Gesicht abgewandt; jetzt hören die Bewohner des Hauses sie nur noch. Wie auf großen Socken schlurrt es durch alle unteren Räume; man hört die Türen gehen; dann alles still.*«

Wer will, kann sich auch auf die Suche nach der blauen Grotte und der Gruft begeben – oder die Wanderung ganz einfach mit einem Picknick am idyllischen **Schlänitzsee** beschließen.

Das Spukschloss am Schlänitzsee ist heute beliebte Filmkulisse

13

Wo Königin Luise ihre Landlust auslebte

Start	Ziel	Länge	Gehzeit
Bhf. Marquardt	Haltestelle Ketzin (Havel), Markt	17 km	5 Std.

Zwei Schlösser verbindet die Wanderung, die unterschiedlicher nicht sein können: Hier das etwas klotzige Spukschloss von Marquardt, dort das schlichte Schloss Paretz, das ganz im Zeichen von Königin Luise steht. Zu Fontanes Zeiten war es ein wahrer Wallfahrtsort, zu dem Scharen von Verehrern der früh verstorbenen preußischen Idolfigur pilgerten. Der Zauber der Stille und Einsamkeit, der für sie vom Havelland ausging, wird einem – zumindest in Teilen der Wanderung – noch heute zuteil, nachdem man das Gewerbegebiet von Marquardt hinter sich gelassen hat. Da die Landschaft durchweg flach und die Wege meist bequem sind, lässt sich die Tour auch ideal mit dem Fahrrad machen.

Das schlichte Äußere von Schloss Paretz gab Fontane Anlass zu manch spöttischer Anmerkung

Infos zur Tour

Hinfahrt
Bhf. Marquardt
(RE4 ab Berlin Hbf bis Bhf. Wuster-
mark, weiter mit RB 21, Mo–Fr stdl.,
Sa/So alle 2 Std., 50 Min., Mo–Fr z. T.
auch direkt mit RB21 ab Berlin Hbf
Alternativ RE1 bis Potsdam Hbf, weiter
mit RB 21, stdl., ca. 50 Min.)

Rückfahrt
Haltestelle Ketzin (Havel), Markt
(Bus 614 bis Potsdam Hbf, weiter mit
S7, RE1, RB21, RB22 bis Berlin Hbf,
ca. 1 Std. 30 Min.
Alternativ Bus 658 bis Bhf. Nauen,
weiter mit RE2 bis Berlin Hbf)

Streckenverlauf
Marquardt – Paaren – Havelkanal –
Paretz – Ketzin

Streckencharakteristik
Schöne Strecke durch die Weite des
Havellands, auf Feld- und Uferwegen
sowie ruhigen Straßen, teils mit
Hartbelag

Schwierigkeit:
Einfach

Beschilderung:
Im ersten Teil blauer Punkt (66-Seen-
Wanderweg), danach E 10 (blauer
Balken)

Einkehren
Gotisches Haus
Parkring 21 · 14669 Ketzin (OT Paretz) ·
(03 32 33) 8 05 09 ·
www.gotisches-haus-paretz.online.de ·
Apr.–Okt. Di 11.30–16, Mi–Fr 11.30–
17, Sa/So 11–18.30 Uhr, Winter Mi–Fr

11.30–15, Sa/So 11-16.30 Uhr
Inzwischen hat die Qualität der märkischen Küche etwas nachgelassen.
Aber für eine kleine Stärkung ist die
ehemalige königliche Dorfschmiede
immer noch beliebte Anlaufstelle.

Restaurant & Café An der Fähre
An der Fähre 1 · 14669 Ketzin ·
(03 32 33) 8 06 32 · www.an-der-
faehre.de · Tgl. 12–22 Uhr
Nicht nur die Lage an der Havel ist
überaus reizvoll. Der Küchenchef lässt
sich auch von dem inspirieren, was
man zu Königin Luises Zeiten kochte.

Restaurant Am Markt
Friedrichstr. 8 · 14669 Ketzin ·
(03 32 33) 8 06 05 ·
www.restaurant-am-markt.de ·
Di–Do ab 17, Fr–So ab 11.30 Uhr
Wer Appetit auf Blechkuchen, Eis,
Salat oder eine herzhafte Rinderrou-
lade hat, kann die Wanderung gut im
Biergarten am Marktplatz ausklingen
lassen.

Sehenswertes
Schloss Paretz
Parkring 1 · 14669 Ketzin (OT Paretz) ·
www.spsg.de · Apr.–Okt. Di–So
10–17.30, Nov.–März Sa/So 10–16 Uhr
Das schlichte, frühklassizistische
Gebäude gewährt mit seiner Dauer-
ausstellung und vielen Stücken der
Originalausstattung tiefe Einblicke in
das höfische Landleben um 1800.

Tipp
Bis auf wenige Abschnitte am Havelkanal lässt sich die Tour auch gut mit
dem Fahrrad unternehmen.

km 0–12,5 **Von Marquardt nach Paretz**

Vom Bahnhof Marquardt läuft man auf der Fahrländer Straße in Richtung Ortszentrum, wo schräg gegenüber von der Hauptstraße der Schlosspark mit dem **Schloss** liegt (▶ Seite 118). Für die Wanderung muss man allerdings rechts abbiegen und in nördlicher Richtung an Siedlungshäusern und Obstplantagen vorbei aus dem Ort hinauslaufen. Im Rechtsbogen geht es zu einer Straßenkreuzung, wo man durch die Unterführung und weiter geradeaus in Richtung Gewerbegebiet läuft, bis kurze Zeit später rechts ein mit **blauem Punkt** markierter Weg abzweigt. Auf ihm geht es kurz darauf im Linksbogen zum stillgelegten Bahnhof Satzkorn, der zwischen Wiesen vor sich hin träumt. Jetzt geht es circa 1 Kilometer an den Bahngleisen entlang, bis der Weg links abbiegt, geradeaus weiterführt auf einem Plattenweg über die Autobahn hinweg. Jetzt schweift der Blick über Maisfelder in die Weite des Havellands. An der T-Kreuzung hält man sich rechts, an der nächsten Kreuzung wieder rechts, an der nächsten links – der mit blauem Punkt markierte Weg führt zwar geradeaus weiter, doch endet er in einem zugewucherten Waldstück. Der Weg, der links abzweigt, mündet indessen in eine ruhige asphaltierte Straße, die einen nach **Paaren** bringt. An der Kirche wendet man sich nach rechts, läuft ein Stück an der Bundesstraße entlang bis zum **Havelkanal.** Wo sich das träge Gewässer in Richtung Havel schlängelt, geht es nun links mehrere Kilometer in südlicher Richtung am Ufer entlang.

Paretz

Fontane gelangte von Uetz nach Paretz – auf dem Weg, der heute Landstraße und deshalb zum Wandern weniger attraktiv ist.

»(…) wir sind am Ziel: links das Schloß, ein langgestreckter, schmuckloser Parterrebau mit aufgesetztem niedrigen Stock, rechts eine Gruppe alter Eichen und ihnen zur Seite die gotische Kirche des Dorfs. Über die Straße hin grüßen sich beide, in ihrer Erscheinung und in ihrem Eindruck so verschieden wie die Zeiten, denen sie angehören. Die Poesie fällt der älteren Hälfte zu«

beschreibt der Dichter treffend den ersten Eindruck von Paretz. Tatsächlich fügt sich die **Kirche,** die auf das frühe 18. Jahrhundert zurückgeht und später nach Wünschen des Hofes mit einem Spitzbogenfenster und einer Königsloge versehen wurde, lieblich in die idyllische Parklandschaft im Zentrum des Dorfes

Ketzin

Paretz

Gotisches Haus

Schloss

Havel

Havelkanal

Paaren

Uetz

B 273

A 10

Tour 13 Start

Marquardt

Schloss

Sacrow-Paretzer-Kanal

Göttin-see

Schlänitz-see

Leest

Töplitz

Phöben

Grube

Wublitz

Nattwerder

Havel

Kemnitz

A 10

Golm

Golm

Großer Zernsee

Werder (Havel)

Tour 12 Start

Wildpark West

Insel-stadt

Werder

Heilig-Geist-Kirche

Plessow

N

1000 m

B 1

ein, während das sorgsam restaurierte Schloss etwas nüchtern wirkt. Dass sein Äußeres so schlicht ausgefallen ist, war allerdings gewollt:

»*Nur immer denken, daß Sie für einen armen Gutsherrn bauen*«,

lautete Fontane zufolge die Anweisung Friedrich Wilhelms III. an den Oberbaurat Gilly. Das war pures Understatement. Denn wie die gut aufbereitete Dauerausstellung im Inneren mit Originaltapeten, Möbeln und Gemälden zeigt, war das höfische Landleben um 1800 durchaus stilvoll und keineswegs rustikal. Ebenso wichtig wie das Intérieur waren die Fernsichten in die Havellandschaft.

»*Dazu überraschten an geeigneten Punkten kleine bauliche Anlagen: Tempel und Pavillons, Moos- und Muschelgrotten. Auch die Dorfschmiede, an einer Durchsicht erbaut, täuschte durch eine gotische Façade mit Spitzbogenfenstern.*«

Besagte Schmiede mit der gotischen Fassade steht auch heute noch, wobei sie unter dem Namen **Gotisches Haus** als Gasthaus fungiert. Ansonsten vermittelt Paretz immer noch jene Verträumtheit, die Königin Luise so am Herzen gelegen haben soll. Der Dichter kann sich gut in sie hineinversetzen, wenn er schreibt:

»*Die Familie und die Stille waren der Zauber von Paretz. Diesen Zauber empfand die Königin, die wir gewohnt sind uns neben dem einsilbigen Gemahl als das gesprächigere, den Zerstreuungen zugeneigtere Element zu denken, fast noch lebhafter als dieser. Sie selbst äußerte sich darüber: ‚Ich muß den Saiten meines Gemüts jeden Tag einige Stunden Ruhe gönnen, um sie gleichsam wieder aufzuziehen, damit sie den rechten Ton und Anklang behalten. Am besten gelingt mir dies in der Einsamkeit; aber nicht im Zimmer, sondern in den stillen Schatten der Natur. Unterlaß ich das, so fühl ich mich verstimmt. O welch ein Segen liegt doch im abgeschlossenen Umgange mit uns selbst!‘*«

Gesellige Heiterkeit kam vor allem bei den Erntedankfesten auf, die Fontane beschreibt. Sie wurden auch nach Luises Tod weiterhin gefeiert und heute knüpft das Dorf wieder an die Tradition an. Wobei der Autor des 19. Jahrhunderts zu dem Schluss kam:

»*Die Glanztage von Paretz sind nicht wiedergekehrt, und sie werden kaum wiederkehren. (…) Alle zwei Jahre, am Geburtstage des Kronprinzen, werden die Dorfkinder neu eingekleidet: die Kna-*

ben erhalten des ‚Königs Rock‘, der Uniform des 24. Landwehrre-
giments nachgebildet, während die Mädchen in russisch-grünen
Tibetkleidern ihren Umzug halten. Das Wohlwollen gegen die Pa-
retzer ist das alte geblieben. Aber Paretz selbst ist nicht mehr, was es
war. Kein Sehnsuchtspunkt mehr, nur noch ein Punkt für Erinnerung und stille Betrachtung.«

Ob Paretz vielleicht doch noch – oder wieder – das Zeug zu
einem Sehnsuchtsort hat, mag man entscheiden, während man
die letzte Etappe der Wanderung in Angriff nimmt, die auf verschlungenen Wegen nah am Havelufer nach Ketzin führt.

Von Paretz nach Ketzin

**km
12,5–17**

Links vom Schloss führt die Werderdammstraße in Richtung Havel.
Hier folgt man nicht dem Rundweg, sondern der Ausschilderung
zur Fähre auf einen Wiesenweg, der rechts mehr oder weniger nah
am Ufer zwischen Gartengrundstücken hindurchführt, bis man die
Straße An der Havel erreicht. Linker Hand liegt das Restaurant „An
der Fähre“ neben dem **Fährbetrieb,** das zu einer letzten Verschnaufpause mit schönem Blick aufs Wasser einlädt. Ansonsten läuft man
weiter geradeaus auf dem Uferweg, alternativ auf der Werderschen
Straße, und weiter auf der Potsdamer Straße ins Ortszentrum von
Ketzin. Dort biegt die Friedrichstraße linker Hand zum Markt ab, wo
sich ein Restaurant mit Biergarten und die Bushaltestelle befinden.

Aus der alten Schmiede ist die Gaststätte „Gotisches Haus“ geworden

14 Zum legendären Birnbaum im Havelland

Start	Ziel	Länge	Gehzeit
Bhf. Buschow	Haltestelle Ribbeck	15 km	4 Std.

„Herr von Ribbeck auf Ribbeck im Havelland, ein Birnbaum in seinem Garten stand…" Wer kennt sie nicht, die Ballade vom großzügigen Gutsherrn? Seit der Wende pilgern unzählige neugierige Touristen hierher, um nach dem legendären Birnbaum und Spuren des alten Ribbecks zu suchen. Sie haben indirekt dafür gesorgt, dass Ribbeck ein freundliches Gesicht mit netten Lokalen und dem aufwendig sanierten Schloss bekam, das heute Visitenkarte des ganzen Havellands ist. Zuvor geht es durch schattige Waldlandschaft, Felder und Wiesen, vorbei am historischen Landgut in Groß Behnitz und durch jenes Havelländische Luch, nach dem sich „Effi Briest", Fontanes Romanfigur, immer wieder sehnte.

Fontanes „Doppeldachhaus" hat sich nach der Restaurierung als stattliches Schloss entpuppt

Infos zur Tour

Hinfahrt
Bhf. Buschow
(RE4 alle 2 Std. ab Berlin Hbf,
ca. 45 Min.)

Rückfahrt
Haltestelle Ribbeck
(Bus 661 oder 680 Mo–Fr ca. alle 30
Min., Sa/So mehrmals tgl., jeweils bis
Bhf. Nauen, weiter mit RB14 oder RE2
bis Berlin Hbf., mind. 60 Min.)

Streckenverlauf:
Buschow – Klein Behnitz – Groß
Behnitz – Sandkrug – Ribbeck

Streckencharakteristik
Wanderung großenteils auf Waldwegen, überwiegend mit Hartbelag

Schwierigkeit
Einfach

Beschilderung
Lokale Schilder, Radfahrweg

Information
Info-Punkt Landgut Stober
Behnitzer Dorfstr. 27–31 · 14641
Nauen (OT Groß Behnitz) · (03 32 39)
20 80 60 · www.landgut-stober.de

Info-Punkt Schloss Ribbeck
Theodor-Fontane-Str. 10 ·
14641 Nauen (OT Ribbeck) ·
(03 32 37) 8 59 00 ·
www.schlossribbeck.de
Schloss tgl. 10–18 Uhr, Museum Di–So
10–17 Uhr
Im aufwendig sanierten Schlossge-
bäude befinden sich auch ein Museum,
ein Standesamt und ein Restaurant.

Einkehren
Seeterrassen
Im Landgut Stober ·
Behnitzer Dorfstr. 27–31 ·
14641 Nauen (OT Groß Behnitz) ·
(03 32 39) 20 80 66 · Tgl. 11.30–21 Uhr
Mit wunderbarem Blick auf den Groß
Behnitzer See speist es sich im ehema-
ligen Kälberstall mit großer Terrasse.
Gekocht wird mit frischen regionalen
Produkten und Fleisch aus artge-
rechter Tierhaltung.

Restaurant Schloss Ribbeck
Im Schloss Ribbeck ·
Theodor-Fontane-Str. 10 ·
14641 Nauen (OT Ribbeck) ·
Di–Do 11–18, Fr–So 11–21 Uhr
In elegantem Ambiente mit Kaminzim-
mer und Cafégarten wird eine delikate
regionale Küche, auch mit vegeta-
rischen Gerichten, aufgetischt.

Alte Schule
Am Birnbaum 3 · 14641 Nauen
(OT Ribbeck) · (03 32 37) 8 58 39 ·
www.alteschule-ribbeck.de ·
Apr.–Sep. tgl. 10–18,
Okt.–März tgl. 10–17 Uhr
Neben dem historischen Klassenzim-
mer und einem Fahrradverleih werden
im ehemaligen Wohnzimmer des Leh-
rers und im Garten kleine Gerichte und
selbst gebackener Kuchen serviert.

Baden
Badestelle am Groß Behnitzer See

km 0–9,5   **Von Buschow nach Groß Behnitz**

Vom Bahnhof Buschow läuft man zunächst in östlicher Richtung die Bahnhofstraße hinunter und am Gasthaus „Märkische Heide" vorbei geradeaus weiter. Dem Hinweisschild auf den Fahrradweg nach Groß Behnitz und anschließend dem Schild „Zur Fenne" folgend, gelangt man bald auf einen Plattenweg, der durch hohen Kiefernwald führt. Nach einiger Zeit geht der Plattenweg in einen nicht befestigten Weg über und verläuft durch Mischwald. An einer Kreuzung folgt man dem Radweg nach rechts und erreicht zwischen Obstbäumen und Rapsfeldern mit Blick in die Weite des **Havelländischen Luchs** den Ortsrand von **Klein Behnitz.** Hier geht es nun links weiter auf einer wenig befahrenen Straße ins 2 Kilometer entfernte **Groß Behnitz.** Etwa 200 Meter von der Weggabelung entfernt weist ein handschriftlicher Hinweis an einem Verkehrsschild links auf einen Wiesenweg zum **Groß Behnitzer See,** der bereits in der Ferne durchscheint. Doch ist er im Sommerhalbjahr so zugewachsen, dass man weiter auf der Straße bleiben muss. Bald erreicht man das langgezogene Straßendorf, an dem links das **Landgut Stober** liegt. Kurz bevor man das Gebäudeensemble aus rotem Backstein erreicht, führt links ein schmaler Weg zum idyllischen Seeufer. Hier laden von exotischen Baumriesen umstandene Bänke und eine Badestelle zu einer Pause ein. Wer mag, kann den Blick auch von der **Seeterrasse** des gleichnamigen Restaurants aus genießen.

Unterwegs erlebt man eine Landschaft, die typisch ist für das Havelländische Luch, das unter dem Soldatenkönig trockengelegt wurde. In einem eigenen Kapitel schreibt der Dichter dazu:

»*Das große Havelländische Luch blieb in seinem Urzustand bis 1718, wo unter Friedrich Wilhelm I. die Entwässerung begann. Vorstellungen von seiten der zunächst Beteiligten, die ihren eigenen Vorteil, wie so oft, nicht einzusehen vermochten, wurden ignoriert oder abgewiesen, und im Sommer desselben Jahres begannen die Arbeiten. Im Mai 1719 waren schon über 1000 Arbeiter beschäftigt, und der König betrieb die Kanalisierung des Luchs mit solchem Eifer, daß ihm selbst seine vielgeliebten Soldaten nicht zu gut dünkten, um mit Hand anzulegen. 200 Grenadiere, unter Leitung von zwanzig Unteroffizieren, waren hier in der glücklichen Lage, ihren Sold durch Tagelohn erhöhen zu können.*«

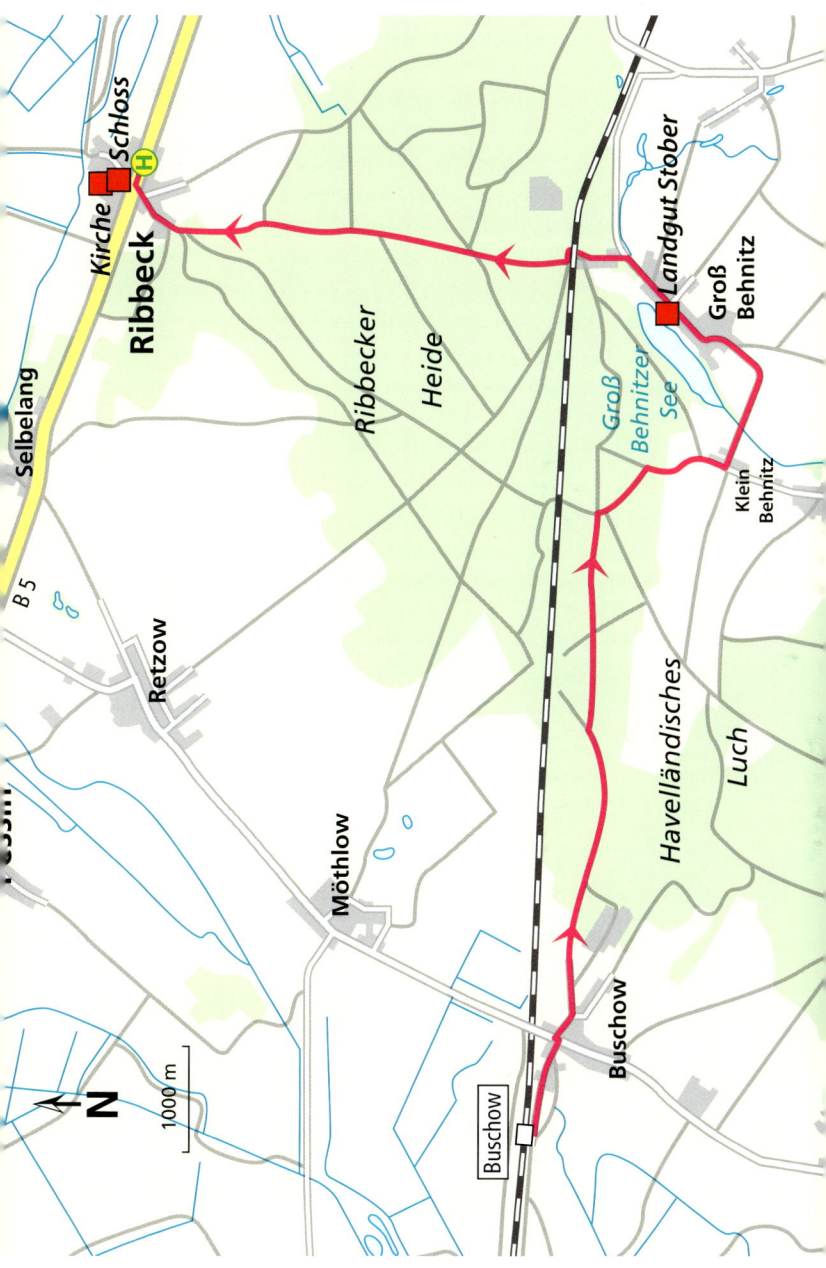

Ribbeck

Schloss

Kirche

H

Selbelang

B 5

Retzow

Möthlow

Ribbecker

Heide

Landgut Stober

Groß
Behnitz

Groß
Behnitzer
See

Klein
Behnitz

Havelländisches

Luch

Buschow

Buschow

1000 m

N

Groß Behnitz

Groß Behnitz wird allerdings nur in einem Gedicht über das Havelland erwähnt. Vom Landgut, das Albert Borsig hier von 1866 an betrieb, findet man keine Spur – vielleicht, weil sich Fontane mehr für Adels- als für Unternehmerfamilien interessierte. 1173 erstmals urkundlich erwähnt, gehörte das Gut wechselnden Besitzern, bis es die Industriellenfamilie Borsig übernahm und es in ein vorbildliches Mustergut verwandelte, auf dem mit modernsten landwirtschaftlichen Methoden gearbeitet wurde. Heute fungiert das denkmalgeschützte Ensemble aus Ziegelbauwerk unter dem Namen „Landgut Stober" als sehenswerter Tagungs- und Hotelbetrieb mit schönem Restaurant.

km
9,5–15

Von Groß Behnitz nach Ribbeck

Vom Seeufer läuft man wieder zur Landstraße hoch und noch ein kleines Stück weiter, bis links die Straße „Zum Sandkrug" abzweigt. Hier geht es nun wieder auf der Fahrradstraße durch den Wald – der historische Weg nach Ribbeck soll in Zukunft rekonstruiert werden. Unter einer Eisenbahnbrücke hindurch, dann links und wieder rechts wandert man der **Radwegmarkierung** folgend nach **Ribbeck** und erreicht, dem Hinweis „Historischer Ortskern – Schloss, Kirche, Birnbaum" folgend, zunächst den südlichen Ortsteil. Wenn man die B 5 überquert und die skurrile, hässliche Fontane-Gaststätte passiert hat, die dem Dichter nicht gerade zur Ehre gereicht, sieht man links auch schon das stattliche, restaurierte Schloss. Dahinter reihen sich die Alte Schule und das Pfarrhaus mit dem Pfarrgarten um den Dorfanger herum. Die Bushaltestelle erreicht man, wenn man an der Kirche und dem Waschhaus vorbei aus dem Ort hinaus- und links auf den großen Parkplatz läuft.

Idylle am Groß Behnitzer See

Ribbeck

»*Herr von Ribbeck auf Ribbeck im Havelland,*
Ein Birnbaum in seinem Garten stand,
Und kam die goldene Herbsteszeit
Und die Birnen leuchteten weit und breit,
Da stopfte, wenn's Mittag vom Turm scholl
Der von Ribbeck sich beide Taschen voll (...)«

So lauten die tausend- oder millionenfach zitierten Verse Fontanes, die eine Wirkung entfaltet haben wie kaum ein anderes Gedicht. Schließlich haben sie Ribbeck und das Leben der Dorfbewohner nachhaltig verändert. Ringsum können auch andere Dörfer mit Herrenhäusern und schönen, alten Dorfkirchen aufwarten. Doch zieht es die Besucher vor allem in jenes Bilderbuchdorf, das der Dichter mit seiner Ballade geadelt hat. Hier suchen sie nach dem vielbeschworenen Birnbaum und Spuren des großzügigen, vorausschauenden Gutsherrn,

»*der genau wußte, was damals er tat,*
Als um eine Birn´ ins Grab er bat.«

Heute hat der Tourismusverband Havelland seinen Sitz in dem aufwendig restaurierten **Schloss** – Fontanes „Doppeldachhaus" –, das zur Visitenkarte der ganzen Region geworden ist. Innen erzählt ein **Museum** mit Porträts und anderen Exponaten von der alten Adelsfamilie Ribbeck.

Einige der Ribbecks liegen auf dem Familienfriedhof begraben, unter anderem Hans-Georg Karl Anton von Ribbeck, der 1945 als überzeugter Gegner Hitlers im Konzentrationslager Sachsenhausen ums Leben kam. Ein anderer Nachfahre jenes Hans-Georg von Ribbeck, der von 1689 bis 1759 lebte und Vorbild für das Gedicht gewesen sein soll, Friedrich-Carl von Ribbeck, ist nach der Wende zurückgekehrt und stellt in der alten **Brennerei** Birnenbalsamico, Obstbrände und Liköre her.

Vom einstigen **Birnbaum** ist nur noch ein Stumpf übrig geblieben, der in der **Dorfkirche** aufbewahrt wird. Aber dafür wachsen jede Menge goldene Früchte aus vierzehn unterschiedlichen Sorten im **Birnengarten** hinter der Brennerei. Auch dem hübschen **Bibelgarten** hinter dem Pfarrhaus und der alten Dorfschule, die inzwischen Café, Museum und Fahrradstation ist, sollte man einen Besuch abstatten, bevor man in den Bus steigt.

Spreeland

(Band 4, 1882)

Kähne waren zu Fontanes Zeiten das gängige Fortbewegungsmittel im Spreewald ▸ Seite 158

In „Spreeland", dem vierten Band der „Wanderungen", entführt Fontane in bekannte Reiseregionen wie den Spreewald. Seine Ausführungen inspirieren aber auch zu Wanderungen in weniger bekannte Gebiete wie die Glauer Berge. Wer seinen Spuren folgt, genießt nicht nur vom neu erbauten Aussichtsturm auf dem Löwenberg aus ein wunderbares Panorama. Man wird auch den Blankensee mit dem gleichnamigen Dorf und dem Herrenhaus derer von Thümen ins Herz schließen. Vom Großen Müggelsee aus kann man sich mit Hilfe des Dichters den unheimlichen Teufelssee erwandern, und im Schenkenländchen gleich ein halbes Dutzend Gewässer, die seinen Sehnsuchtsort Teupitz umspülen.

15 *Berge, Wasser und ein Barockschloss*

Start	**Ziel**	**Länge**	**Gehzeit**
S-Bhf. Köpenick	S-Bhf. Grünau	12 km	3,5 Std

„Wo liegt Köpenick? / An der Spree; / Wasser und Wald in Fern und Näh, / Die Müggelberge, der Müggelsee." Mit diesen Versen leitet Fontane seine Kapitel „An der Spree" im vierten Teil seines Wanderwerks ein und bringt genau auf den Punkt, was den Reiz dieser Wanderung ausmacht: Berge, die sich ganz unvermittelt über dem Flachland auftürmen und jede Menge Wasser. Dahme, Müggelsee, Teufels- und Langer See liegen an der Strecke und laden immer wieder zum Baden ein. Vorher geht es durch städtisches Gebiet, wobei für das Laufen auf Hartbelag das stattliche Barockschloss entschädigt, in dem es heute Kunstgewerbe aus verschiedensten Stilepochen zu sehen gibt.

„Wasser und Wald in Fern und Näh" gibt es am Müggelsee reichlich – und herrliche Badestellen

Infos zur Tour

Hinfahrt
S-Bhf. Köpenick
(S3 ab Berlin Hbf, alle 20 Min.,
ca. 30 Min.)

Rückfahrt
S-Bhf. Grünau
(S8 oder S85 bis Bhf. Berlin-Ostkreuz,
alle 10 Min., ca. 40 Min.)
Vorher Fähre F12 (in BVG-Ticket in-
begriffen!) von Wendenschloß nach
Grünau

Streckenverlauf
S-Bhf. Köpenick – Alt Köpenick –
Schloss Köpenick – Müggelspree –
Müggelsee – Müggelturm – Langer
See – Wendenschloß – Fähre – S-Bhf.
Grünau

Streckencharakteristik
Landschaftlich reizvolle Wanderung
teils durch Siedlungsgebiet, teils auf
Ufer- und Waldwegen

Schwierigkeit
Einfach, mit leichten Steigungen

Beschilderung
Selten rote oder blaue Markierung
(E11), lokale Ausschilderung

Information
Touristinformation Berlin-Köpenick
Alt-Köpenick 31 · 12555 Berlin ·
(0 30) 6 55 75 50 · www.tkt-berlin.de

Einkehren
Mutter Lustig
Müggelheimer Str. 1 · 12555 Berlin ·
(0 30) 64 09 48 84 · www.mutter-
lustig.berlin · Mo–Fr ab 11, Sa/So ab 9

Uhr, im Winter verkürzt
Das Ausflugslokal serviert Kuchen,
kleine Speisen, aber auch kreative
Hauptmahlzeiten. Schöne Terrasse
direkt am Wasser. Bei schlechtem
Wetter finden die Gäste im Innenraum
mit Vintageeinrichtung Platz.

Rübezahl
Müggelheimer Damm 143 ·
(0 30) 6 56 61 68 80 · www.ruebezahl-
berlin.de · Mai–Okt. 10–19 Uhr, sonst
Sa/So 10–17 Uhr
Beliebtes Ausflugslokal mit großem
Biergarten, Kinderspielplatz und
Bootsverleih. Auf der Speisekarte
stehen Grillspezialitäten, Burger und
andere herzhafte Speisen.

Schmetterlingshorst
Zum Schmetterlingshorst 2 ·
(0 30) 61 67 48 61 ·
www.schmetterlingshorst.de ·
Apr.–Sep. Mo–Fr 10–17, Sa/So 10–19,
sonst Mo–Fr 11–16, Sa/So 11–17 Uhr
Keine offizielle Gaststätte, sondern
der Imbissausschank eines Sportver-
eins am Langen See. Für Wanderer und
Radfahrer ist die große Terrasse unter
Bäumen ein angenehmer Ort für eine
letzte Verschnaufpause.

Baden
Viele Badestellen am Müggel- und
Langen See.

Seebad Wendenschloss
Möllhausenufer 30 · (0 30) 6 51 71 71 ·
www.strandbad-wendenschloss.de ·
Mai–Sep. tgl. 9–20 Uhr,
Gaststätte Seestern Mi–So 11–18 Uhr ·
4 €, erm. 1–3,50 €

km 0–1,7 **Vom S-Bahnhof Köpenick zum Schloss**

Zunächst führt die Strecke eine Weile durch städtisches Gebiet. Wer sich diesen nicht allzu spannenden Weg ersparen will, sollte mit Tram 62, 63 oder 68 direkt zum Rathaus fahren. Sonst läuft man vom S-Bahnhof Köpenick aus auf der Bahnhofstraße rund einen Kilometer immer geradeaus bis zur Lindenstraße und biegt dort links ab in Richtung Altstadt. Eine breite Brücke führt in den vom Wasser umspülten historischen Teil der Stadt mit dem mehr als 100-jährigen Rathaus. Ein Stück weiter, an der Müggelheimer Straße, steht das barocke **Schloss Köpenick** auf der Schlossinsel inmitten von Grünanlagen und der Dahme.

Schloss Köpenick

»*Das gegenwärtige Schloss Köpenick hat drei Stockwerke, seine Façaden sind einfach und schmucklos, und nur einzelne Teile zeigen sich mit Reliefs und Statuen geschmückt. Um das um mehrere Fuß zurücktretende Dach ist eine stattliche Balustrade gezogen.*

Und dieser Stattlichkeit begegnen wir überall, am meisten freilich in der inneren Einrichtung, in der Anlage der Zimmer, Treppen und Korridore, die den Eindruck machen, als habe der Baumeister nichts so ängstlich vermeiden wollen als die Gedrücktheit der Turm- und Erkerstuben, die sonst hier heimisch waren. Nirgends ein Geizen mit dem Raum, aber auch nirgends ein Geizen mit dem, was erheitert und schmückt. (…) Sie warten auf die Stunde, wo das alte Schloß, das seit siebzig Jahren immer nur der Prosa hat dienen müssen, die poetischen Tage königlicher Pracht wieder erblicken wird (…).«

Tatsächlich ist das zwischen 1677 und 1682 erbaute Gebäude überaus prachtvoll ausgestattet. Nachdem hier Kurprinz Friedrich, Friedrich Wilhelm I., die Prinzessin Henriette Marie und der Graf Schmettau mal mehr, mal weniger glückliche Jahre verbrachten, bildet es heute den passenden Rahmen für die Dependance des **Berliner Kunstgewerbemuseums,** die Porzellan- und Glaskunst, Tapisserien, Wandschmuck und Möbel verschiedener Stilepochen aufs Schönste präsentiert ((0 30) 2 66 42 42 42 · Apr.–Sep. Di–So 11–18, Okt.–März Do–So 11–17 Uhr).

km 1,7–7,2 **Vom Schloss Köpenick zum Müggelsee**

Wer nach der Schlossbesichtigung bereits eine Pause einlegen

Überall begegnet man Stattlichkeit: Schloss Köpenick

will, ist im Ausflugslokal „Mutter Lustig" bestens aufgehoben, das gleich nebenan liegt. Anschließend überquert man die Müggelheimer Straße und steht nun auf dem Schlossplatz, ganz in der Nähe der Touristinformation. Dort folgt man der Grünstraße nach rechts. Anschließend geht es rechts in die Kietzer Straße, dann auf der Müggelheimer Straße links und nach 60 Metern wieder links in die Amtsstraße. Geradeaus über die Landjägerstraße hinweg erreicht man den **Stichkanal** mit malerischen Gartengrundstücken. Hier hält man sich rechts und wandert bis zur Wendenschloßstraße, links über die Brücke und danach eine ganze Weile durch eine Wohnsiedlung, bis schließlich links die Salvador-Allende-Straße abzweigt. Vor der Brücke rechts folgt man dann der **Müggelspree.** Es geht unter schattigen Bäumen am Wasser entlang, mit Blick auf die Gartengrundstücke auf der gegenüberliegenden Seite, wo sich bald **Friedrichshagen** ankündigt. Am Tunnel läuft man rechts weiter am Müggelsee entlang. Der Uferweg mit diversen Badestellen ist einer der schönsten Abschnitte der Wanderung. Der Blick schweift über den weiten See, einen der größten Brandenburgs, der beliebtes Ausflugsziel ist und es schon zu Fontanes Zeiten war.

Müggelsee

»*Es freut das Herz, so an der Müggel zu sitzen und, die leise Musik von Wald und Wasser um sich her, die Stunden zu verträumen. Die*

*Sonne sinkt, und das Bild, das beim ersten Anblick, aller eigentüm-
lichen Schönheit unerachtet, eine gewisse Monotonie zeigte, gewinnt
mehr und mehr Gewalt über uns und spinnt uns in den alten Müg-
gelzauber ein. (…) Noch einmal fährt ein Glutstreifen über den See;
nun aber schwindet die Sonne, beinah plötzlich bricht die Dämme-
rung herein, und bleifarben liegt die weite Wasserfläche da. In seiner Mitte beginnt es wie ein Kreisen, wie ein Quirlen und Tanzen;
sind es Nebel, die aufsteigen? oder sind es die alten Müggelhexen, die
lebendig werden, sobald das Licht aus der Welt ist?* «

Vom Müggelsee zum Müggelturm   km 7,2–8

Garantiert keine Müggelhexen wird man entdecken, wenn sich an
schönen Sommertagen unzählige Ausflügler im **Biergarten Rübezahl** mit Kinderspielplatz und Bootsverleih tummeln. Da der Ort
mit dem Auto zu erreichen ist, wird es hier schnell voll und trube-
lig. Doch wird man bald wieder einen totalen Szenenwechsel erleben, wenn man sich vom Seeufer nach rechts wendet, am Parkplatz
vorbei und auf der asphaltierten Straße über den Müggelheimer
Damm hinwegläuft. Weiter geradeaus gelangt man auf einen mit

Die Müggelspree bei Friedrichshagen, kurz vor der Mündung in den Müggelsee

Die steile Treppe führt geradewegs auf den Müggelturm

„Müggelturm" ausgeschilderten Waldweg. Bevor man diesen – zum Teil ebenfalls stark frequentierten – Aussichtspunkt erreicht, passiert man den kleinen, geheimnisvollen **Teufelssee.** Wegen der dichten Vegetation muss man genau hinsehen, um ihn auf der linken Seite des Wegs zu entdecken. Mit dem Großen Müggelsee hat er gar nichts gemein und mutet heute noch so an wie Fontane ihn sah:

> »*Er hat den unheimlichen Charakter aller jener stillen Wasser, die sich an Berghängen ablagern und ein Stück Moorland als Untergrund haben. Die leuchtend-schwarze Oberfläche ist kaum gekräuselt, und verwaschenes Sternmoos überzieht den Sumpfgürtel, der uns den Zugang zum See zu verwehren scheint. Er will ungestört sein und nichts aufnehmen als das Bild, das die dunkle Bergwand auf seinen Spiegel wirft.*«

Kurz darauf geht es auf einer Treppe steil bergauf auf den **Kleinen Müggelberg,** der tatsächlich mit rund 100 Metern Höhe wie aus dem Nichts emporwächst:

Kleiner Müggelberg & Müggelturm
> »*Inmitten des quadratmeilengroßen Wald- und Inseldreiecks, das Spree und Dahme kurz vor ihrer Vereinigung bei Schloß Köpenick bilden, steigen die ‚Müggelberge' beinah unvermittelt aus dem*

Flachland auf. Sie liegen da wie der Rumpf eines fabelhaften Was-
sertieres, das hier in sumpfiger Tiefe zurückblieb, als sich die großen
Fluten der Vorzeit verliefen.«

Oben auf dem Kleinen Müggelberg steht der wiedereröffnete
Müggelturm inmitten einer neu belebten Müggelturm-Baude. Mag
sein, dass hier etwas zu viel Beton verbaut wurde – doch wenn
man die 126 Stufen erklommen hat, bietet der Turm eine fantastische Fernsicht (www.müggelturm.berlin · Tgl. 10–20 Uhr).

Vom Müggelturm zum S-Bahnhof Grünau

km
8–12

Auf der anderen Seite führt eine Treppe wieder hinunter und geradeaus weiter in Richtung **Langer See,** der auch traditionelle Re-
gattastrecke ist. Hier wandert man jetzt rechts auf dem idyllischen
Uferweg unter schattigen Buchen, Eichen und anderen Bäumen
weiter. Vorbei am Ausflugslokal „Schmetterlingshorst" und dem
Strandbad „Wendenschloss" erreicht man den Villenvorort **Wen-**
denschloß, wo es über das Möllhausenufer und die am Ende rechts
abzweigende Wendenschloßstraße zur Müggelbergallee und dort
links zur Anlegestelle der Fähre F12 nach **Grünau** geht. Hat man
mit der Fähre (normales BVG-Ticket!) den Fluss überquert, sind es
noch rund 800 Meter auf der Wassersportallee bis zum S-Bahnhof
Grünau.

Dem stillen Teufelssee schrieb Fontane einen unheimlichen Charakter zu

16

Schatzsuche in den Glauer Bergen

Start	Ziel	Länge	Gehzeit
Bhf. Trebbin	Bhf. Trebbin	20,5 km	5,5 Std.

Dass Fontane seine Heimat keineswegs nur verklärt und schön beschrieben hat, beweist das Kapitel über die Stadt Trebbin im Band „Spreeland" von 1882. Vor Ort kann man sich aber davon überzeugen, dass das „Tor zum Naturpark Nuthe-Nieplitz" heute weit weniger schlimm ist. Wer Trebbin dennoch nicht viel abgewinnen kann, wird in jedem Fall vom mehrfach preisgekrönten Dörfchen Blankensee am gleichnamigen See entschädigt. Zwischen beiden Orten erwartet den Wanderer mitunter recht wilde, gebirgige Natur. Einziger Wermutstropfen der langen Tour ist die sehr lückenhafte Markierung im zweiten Teil. Dafür sind Ausgangs- und Endpunkt mit der Regionalbahn erstaunlich schnell zu erreichen.

Heute lässt es sich auf einem Holzbohlenweg bequem am Blankensee entlangwandern

Infos zur Tour

Hin- & Rückfahrt
Bhf. Trebbin
(RE3 stdl. ab/bis Berlin Hbf,
ca. 30 Min.)

Streckenverlauf
Trebbin – Löwendorfer Berg –
Blankensee – Glauer Berge – Trebbin

Streckencharakteristik
Abwechslungsreiche Wanderung auf
meist sandigen Wald- und Feldwegen,
zum Teil auch auf verkehrsarmen
Straßen

Schwierigkeit
Einfach, mit einigen Steigungen

Beschilderung
Auf der Hälfte blauer Punkt (66-Seen-
Weg) und blauer Balken (E10), dann
roter Balken (Fontaneweg)

Information
**NaturParkZentrum am Wildgehege
Glauer Tal**
Glauer Tal 1 · 14959 Trebbin (OT Blan-
kensee) · (03 37 31) 70 04 60 ·
www.naturpark-nuthe-nieplitz.de

Eine weitere **Touristinformation**
befindet sich im „Akzent Parkhotel
Trebbin" (▶ Einkehren).

Einkehren
Schloss Blankensee
Dorfstr. 1 · 14959 Blankensee ·
(03 37 31) 3 11 90 ·
www.schloss-blankensee.de ·
So/Fei 12–18 Uhr
Leider kann man nur sonntags Kaffee
und Kuchen auf der Gartenterrasse

oder im Innern des Café-Restaurants
genießen, das sonst als Tagungszentrum fungiert.

Museumsschänke
Dorfstr. 4 · 14959 Blankensee ·
(03 37 31) 1 24 96 ·
www.bauernmuseum-blankensee.de ·
Mi–So, Fei ab 11 Uhr
Die saisonalen märkischen Speisen
mit Fisch- und Wildgerichten werden
auch im Museumshof serviert. Beliebt
ist das Lunch-Buffet, das an jedem 2.
Sonntag im Monat angeboten wird.

Akzent Parkhotel Trebbin
Parkstr. 5 · 14959 Trebbin ·
(03 37 31) 7 10 ·
www.parkhotel-trebbin.de ·
Mo–Sa ab 17.30 Uhr
Hier kann man sich nach Beendigung
der Wanderung in der Hans-Clauert-
Stube mit Flammkuchen und saiso-
naler märkischer Küche mit Wildgerichten stärken. Wer allzu müde ist,
kann hier auch übernachten (DZ ab
79 Euro).

Sehenswürdigkeiten
Bauernmuseum
In der Museumsschänke · Mi–Fr 10–12
und 13–17, Sa/So/Fei 13–17 Uhr
Das älteste Gebäude der Gemeinde,
das bereits im 13. Jahrhundert urkundlich erwähnt wurde, ist ein ty-
pisches Mittelflurhaus, das Wohnhaus,
Stall und Scheune unter einem Dach
vereint und in den 1970er-Jahren als
Museum mit alten Möbeln, Webstüh-
len, Kochgeschirr und anderem rekonstruiert wurde.

Trebbin

Unzählige Orte rühmen sich damit, dass sie von Fontane erwähnt wurden. Trebbin tut es eher nicht. Und das hat seinen Grund: In dem Kapitel, das er dem Städtchen im Band „Spreeland" nach seinem Besuch Ende der 1860er-Jahre gewidmet hat, heißt es unter anderem:

»*Ich passierte die Straßen, und überall bot sich dasselbe Bild: die Kirche so trist wie die Stadt und die Stadt so trist wie die Kirche. Hier und dort spreizte sich eine Toilette, das einzige, woran sich die Nähe der Hauptstadt erkennen ließ; aber dieser Flitter ließ die Stadt nur um so farbloser und die farblose Stadt hinwiederum den Flitter nur um so prahlerischer erscheinen. Menschen, Häuser, Kirche, sie gaben nichts heraus!*«

So fiel dem Dichter nichts anderes ein, als im Metzgerladen, wo es den besten Kaffee geben sollte, „mit der Kaffeetasse zu klappern". Enttäuscht, weder Spuren einer früheren Burg noch von Wilhelm Hensel gefunden zu haben, reist er wieder ab, fügt dem Kapitel aber eine ausführliche Biografie des 1794 in Trebbin geborenen Malers bei.

Wer sich in der Kleinstadt umsieht, wird feststellen, dass sie nicht unbedingt zu den Highlights von Brandenburg gehört – aber gar nicht (mehr) so öde ist. Einen besonders freundlichen Eindruck macht die **Kirche St. Marien.** Im 13./14. Jahrhundert als Saalbau errichtet und im 18. Jahrhundert erneuert, überrascht das ansprechende Innere mit Kanzel in der Mitte und schöner Orgel, wo sonntags häufig Konzerte erklingen.

km 0–11 **Von Trebbin nach Blankensee**

Vom Bahnhof Trebbin läuft man auf der Parkstraße am „Akzent Parkhotel" mit Touristinformation vorbei, biegt dann erst rechts in die Bahnhofstraße und wenig später wieder links in die Berliner Straße, die zum dreieckigen **Markt** führt. Hier steht nicht nur das **Rathaus,** hier hockt auch eine **Skulptur** des Trebbiner Originals Hans Clauert am Brunnen – eine Art Wahrzeichen, dem der Schriftsteller Willi Fehse allerlei Eulenspiegeleien zugeschrieben hat, die Fontane offensichtlich entgangen sind. Bevor man hier schräg gegenüber in die Beelitzer Straße einbiegt, sollte man noch einen Blick auf oder in die hübsche **Kirche St. Marien** hinter dem Rathaus werfen. Ansonsten geht es auf der Beelitzer Straße aus

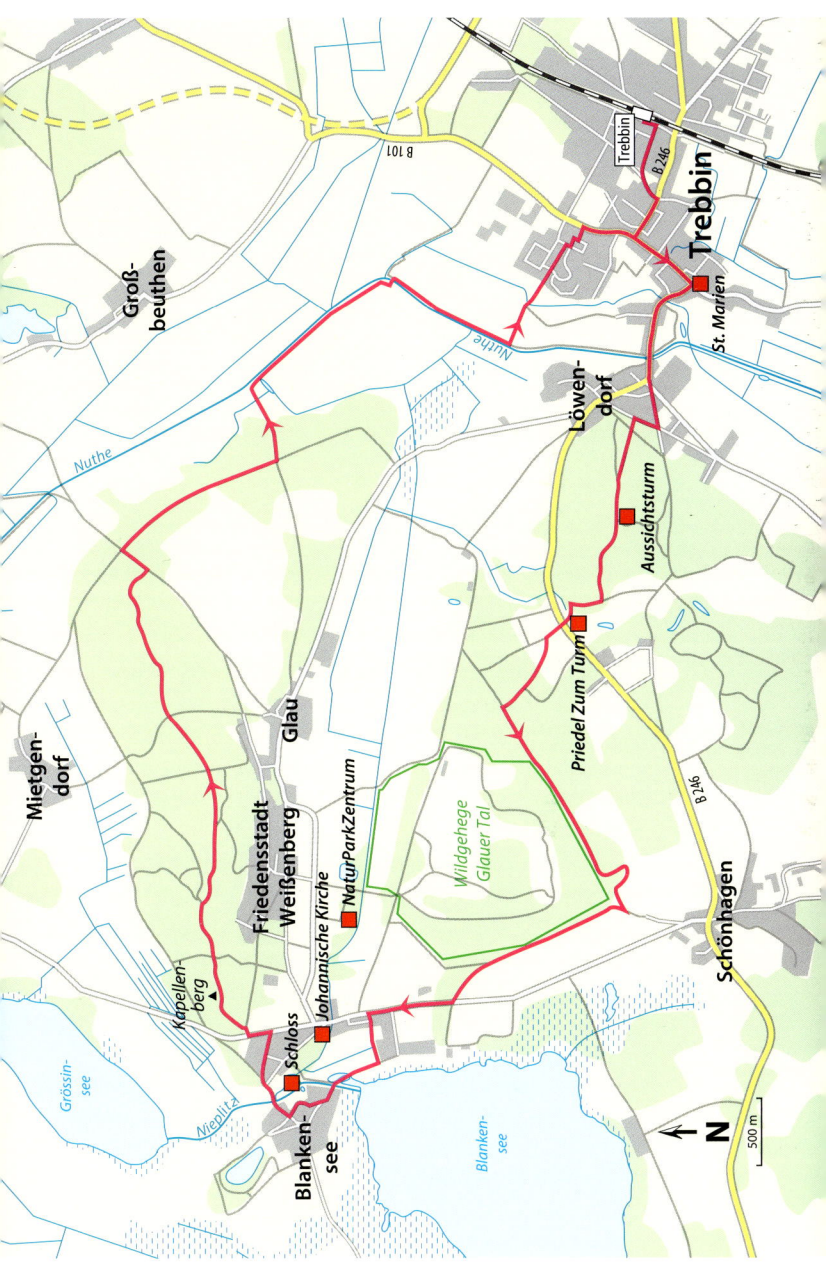

Bauwerk jüngeren Datums: Der Aussichtsturm auf dem Löwenberg wurde 2012 eingeweiht

dem Ort hinaus und über die Nuthe hinweg nach **Löwendorf,** wo man in einer Rechtskurve die B 246 verlässt und geradeaus weiter und sogleich halbrechts auf einen markierten Waldweg läuft. Nach einiger Zeit folgt man rechts dem Weg (Wegweiser) zum **Aussichts-turm,** der sich anschließend links auf den 103 Meter hohen **Löwen-berg** hochschlängelt. Hat man auch noch die 112 Stufen des schön gestalteten Holzturms mit Rastplätzen erklommen, belohnt einen eine fantastische Rundsicht über die weite Landschaft bis nach Berlin. Anschließend wandert man geradeaus weiter und gelangt ins **Priedeltal** hinunter. Vorbei am „Waldrestaurant Priedel Zum Turm" überquert man die Schönhagener Straße (B 246) und läuft weiter auf dem Blankenseer Weg, einem idyllischen Waldweg, bis einen die Wegweiser links um das **Wildgehege Glauer Tal** herumleiten. In weitem Bogen geht es um den ehemaligen Truppenübungsplatz herum, in dem heute Rot- und Damwild sowie Mufflons zu beobachten sind – der Eingang in Form des **NaturParkZentrums** liegt auf der anderen Seite (Glauer Tal 1 · 10–17 Uhr). Am südlichen Ende geht es schließlich auf einem Feldweg in nördlicher Richtung nach Blankensee. Kurz vor dem Ort überquert man die Landstraße L 793 und gelangt links zum **Blankensee,** wo bald das von dichtem Schilfgürtel umgebene Wasser aufblitzt. Rechts lädt der schön gestaltete Bohlenweg mit Bänken dazu ein, eine Ruhepause mit Blick auf den See einzulegen, an dem Bartmeisen und Fischadler brüten und im Herbst unzählige Wildgänse Rast machen. Über den Bohlensteg gelangt man schließlich in das Rundlingsdorf **Blankensee** mit Kirche, Bauernmuseum, Fischräucherei „Brauße" und Schloss. Letzteres steuerte auch Fontane an, nachdem er mit der Kutsche angereist war.

Blankensee

»*Es war Mittagsstunde, als wir vor dem Gasthause hielten. Der Wagen fuhr in den breiten Schatten einer Linde, während wir uns rüsteten und mit den Augen überallhin umherfragten. Unser erstes war ein Gang durch das Dorf. Am schönsten gelegen ist das Herrenhaus. In Front ein Elsenbruch, an den Flügeln zwei breite Seespiegel, und zwischen Schloß und Park ein Wasserlauf, der diese beiden Seeflächen verbindet – das ist in großen Zügen die Szenerie. Das Gesträuch des Parks wuchs weit über das Wässerchen hin und schuf einen Laubengang, unter dem die Enten auf und ab fuhren und sich's wohl sein ließen.*«

Das **Schloss,** um 1740 für den Kreishauptmann Christian Wilhelm von Thümen auf den Fundamenten einer alten Burg errichtet, ist typisch für den märkischen Barock. 1902 ging der zweigeschossige Bau in den Besitz des Schriftstellers Hermann Sudermann über, weshalb es auch **Sudermann-Refugium** genannt wird. Heute wird es als Tagungszentrum genutzt, öffnet aber am Sonntagnachmittag seine Pforten für Besucher. Eingebettet ist es in einen von Peter Joseph Lenné mitgestalteten romantischen Park mit Statuen, Marmorbänken, einem Tempel und Brücken, die sich über Seitenarme der Nieplitz spannen. Auch die **Dorfkirche** von 1720 steht noch. Und von April bis Oktober kann man sich samstags von 14 bis 16 Uhr davon überzeugen, dass sich im barock gestalteten Inneren auch das von Fontane erwähnte Epitaph erhalten hat. Es besagt, dass Anna von Schlabrendorff, Ehefrau von Kuno von Thümen, *im siben und sechzigsten Jahr* im Kindbett verstarb, wobei sich die Zahl auf das Jahr 1567 bezieht und nicht auf das Lebensalter der Frau.

Mindestens genauso interessant ist die am Ende der Straße Zum Schloss gelegene **Johannische Kirche,** ein riesiges, doppelbogenförmiges Gotteshaus der benachbarten christlichen **Friedens-stadt Weißenberg.** 1928/29 vom Sozialreformer Joseph Weißenberg errichtet, ist die Kirche bis heute Treffpunkt der Johannischen Christen. Von April bis Oktober steht sie sonntags Besuchern offen und lädt im Sommer zum Blankenseer Musiksommer ein.

km 11–12   **Von Blankensee zum Kapellenberg in den Glauer Bergen**

Dieser Abschnitt ist leider nur sehr schlecht ausgeschildert **(roter Balken)** und erfordert erhöhte Aufmerksamkeit. Nördlich vom Schloss folgt man der Straße „Zur Nieplitz" zur L793, geht dann ein kleines Stück links an der Landstraße entlang, bis auf der gegenüberliegenden Seite rechts an einem Parkplatz der markierte **Fontaneweg** zum **Kapellenberg** hinaufführt. Hier war Fontane ausnahmsweise auch selbst zu Fuß unterwegs:

Kapellenberg

»Erst über ein breites Brachfeld hin und bald danach einen Waldweg hinauf, erreichten wir die Kuppe des unser nächstes Ziel bildenden Kapellenberges und betraten den alten Bau, der seinerzeit diesem Berge den Namen gegeben. Zwei Wände sind eingestürzt, zwei stehen noch, so dass es auch für den Laien ein leichtes ist, sich alles wieder in Vollständigkeit vorzustellen.«

Heute ist von der einstigen gotischen Kapelle nichts geblieben als ein paar Mauerziegel. Vielleicht, weil sich Neugierige daran machten, den Schatz zu suchen, von dem Legenden berichten?

»An diesen Kapellenberg knüpfen sich zahlreiche Sagen, die, wie verschieden auch in ihrer Einkleidung, doch sämtlich auf das alte, namentlich in unserer Mark beliebte Thema hinauslaufen, daß daselbst ein Schatz vergraben sei'. Noch in diesem Jahrhundert kam ein Herr von Thümen ventre à terre von Berlin geritten, ließ Bauern und Tagelöhner wecken und zog in langer Kolonne den Berg hinauf, um unter dem alten ‚Bocksdornstrauche', der die linke Kapellenecke mit seinem Gezweige füllt, bohren und graben zu lassen. Denn unter dem Bocksdornstrauche liegt der Schatz. Aber der Schatz kam nicht, und der tolle Herr von Thümen mußt es schließlich doch wieder aufgeben, gerade so, wie es hundert Jahre früher (noch in der sächsischen Zeit) auch sein Ahnherr, der alte Kreisdirektor von Thümen, hatte aufgeben müssen, ‚obwohlen der schon ganz nahe daran gewesen'.«

Ein ungewöhnliches Gotteshaus: die Johannische Kirche von Weißenberg

Vom Kapellenberg nach Trebbin

Weiter wandert man auf den circa 90 Meter hohen Kesselberg und mehr oder weniger immer auf dem Kamm entlang durch sandigen Kiefernwald. Man lässt zwischendurch mehrere Wege rechts liegen, die in Richtung Friedensstadt Weißenberg hinunterführen. Zwischendurch geht es auch in ein Trockental hinab und dann im Bogen wieder rechts hinauf, bis man von der Ostkuppe aus die Berge hinunterläuft und auf einen breiten, nicht asphaltierten Waldweg kommt.

Hier hält man sich zunächst rechts und läuft eine Weile, bis links ein Weg in Richtung **Nuthetal** abzweigt. Am Flüsschen angekommen, wandert man rechts am von Pappeln gesäumten Ufer entlang in Richtung **Trebbin.** Zwischendurch passiert man den Fluss auf einer Brücke und läuft noch ein Stück weiter am Ufer entlang, bis links ein Wiesenweg in Richtung Stadt führt. Dieser mündet bei den Siedlungshäusern in die Pflaumenallee.

Am Scheunenweg biegt man rechts ab und gleich wieder links in die Wassermüllerstraße, auf der man schließlich das Zentrum von Trebbin erreicht. An der Straße „Berliner Tor" hält man sich noch einmal rechts, läuft dann wieder links über die Straße „Weinberg" zur Parkstraße und erreicht wenig später den Bahnhof.

17

Seenhopping rund um Teupitz im Schenkenländchen

Start	**Ziel**	**Länge**	**Gehzeit**
Haltestelle Neu-endorf, Abzweig	Bhf. Groß Köris bzw. Hst. Klein Köris	13 bzw. 18 km	4 bzw. 5,5 Std.

Ein besonders liebenswertes Stück Naturpark Dahme-Heideseen ist das Schenkenländchen, das viele Jahrhunderte im Zeichen des Adelsgeschlechts der Schenken von Landsberg stand. In die leicht hügelige Landschaft mit Kiefern- und Mischwäldern schmiegen sich kleine und größere Seen, und an einem von ihnen liegt Teupitz, das für Fontane ein besonderer Sehnsuchtsort war. Bei der Wanderung über den Tornower, Teupitzer und Schweriner zum Köriser See kann man gut nachvollziehen, was ihn bei seinen Besuchen so faszinierte. Angenehm ist außerdem, dass man die Tour ganz nach Belieben verkürzen und an mehreren Orten mit dem Bus die Rückfahrt antreten kann.

Fontane lobte die Klarheit des Klein Köriser Sees – im Gegensatz zum trüben Moddersee

Infos zur Tour

Hinfahrt

Hst. Neuendorf (bei Teupitz), Abzweig
(Mo–Fr RB24 ab Bhf. Berlin-Ostkreuz
bis Bhf. Bestensee, weiter mit Bus
726, stdl., ca. 1 Std.
Sa/So RB24 bis Bhf. Bestensee oder
Bhf. Groß Köris, jeweils weiter mit Bus
726, ca. 1 Std.)

Rückfahrt

Bhf. Groß Köris
(RB24 bis Bhf. Berlin-Ostkreuz, stdl.,
ca. 50 Min.)
Alternativ Haltestelle Klein Köris,
Chausseestraße
(Bus 727 bis Bhf. Groß Köris,
mehrmals tgl.)

Streckenverlauf

Neuendorf Abzweig – Tornower See –
Tornow – Teupitz – Schwerin –
Groß Köris – Klein Köris

Streckencharakteristik

Wald- und Feldwege, im letzten Teil
etwas Hartbelag

Schwierigkeit

Einfach, mit geringen Steigungen

Beschilderung

roter Balken (Fontaneweg), blauer
Punkt, z. T. gelber oder grüner Punkt

Information

**Touristinformation Schenken-
ländchen**
Bahnhofsplatz 1 · 15746 Groß Köris ·
(03 37 66) 2 04 12 ·
www.schenkenland-tourist.de ·

Einkehren

Gasthaus Zur Linde
Seestr. 27 · 15755 Teupitz (OT Tornow) ·
(03 37 66) 6 25 14 ·
Sommer Mi–Fr ab 11, Sa/So ab 10 Uhr,
Winter Do–So ab 11 Uhr
Der Biergarten und die gutbürgerliche
Küche machen den idyllisch gelegenen
Traditionsbetrieb zu einer der besten
Einkehrmöglichkeiten auf der Strecke.

Mittelmühle
Mittelmühler Weg 3 · 15755 Teupitz
(OT Neuendorf) · (03 37 66) 2 02 78 ·
www.wirtshaus-mittelmühle.de ·
Apr.–Okt. Mi–So 11.30–21,
Jan.–März Sa/So 11.30–16,
Nov./Dez. Sa/So 12–16 Uhr
Die herzhafte regionale Küche mundet
besonders gut, wenn sie draußen am
romantischen Mühlteich serviert wird.

Baden

Mehrere Badestellen am Tornower,
Teupitzer und Klein Köriser See

Aktivitäten

Dahme-Schifffahrt
Markt 16 · 15755 Teupitz · (03 37 66)
4 15 55 · www.dahme-schifffahrt.de
Das Fahrgastschiff „Schenkenland"
startet im Sommer regelmäßig zu 4-,
7- oder 10-Seen-Fahrten sowie zu
einer 5-stündigen Fontanefahrt.

Tipp

An manchen Tagen kann man von
Teupitz auch mit dem Fahrgastschiff
nach Groß Köris fahren. Unbedingt
ins Gepäck sollte bei der Wanderung
Mückenschutz.

km 0–8 **Von Neuendorf Abzweig nach Teupitz**

Direkt hinter der Bushaltestelle zweigt neben der Straße ins Dorf schräg links ein markierter Waldweg ab, der nach gut 500 Metern zur **Mittelmühle** führt. Hier lädt die Traditionsgaststätte am romantischen Mühlteich zu einer ersten Pause ein. Am Mühlen-Sägewerk vorbei geht es auf einem Feld- und Waldweg in Richtung **Tornower See.** An der ersten Abzweigung zum Briesensee hält man sich links. Danach begibt man sich, statt nach dem großen Mühlengrundstück links dem Fontaneweg nach Teupitz zu folgen, an den See. Jetzt wandert man auf dem mit **blauem Punkt** markierten Naturlehrpfad am mit hohen Bäumen gesäumten Ufer entlang. Unterwegs zweigt rechts ein Weg zum circa 500 Meter entfernten **Briesensee** ab, der wesentlich kleiner und verwunschener als der Tornower See und von mehr als 200 Jahre alten Kiefern umgeben ist. Zurück am Tornower See passiert man dann das Südufer mit der sprudelnden **Quelle Klingespring** und einem schönen Rastplatz, bis die ersten Häuser von **Tornow** auftauchen. Hier läuft man vom Ufer weg auf der Seestraße durch den stillen Ort, am denkmalgeschützten Gasthaus „Zur Linde" vorbei und links weiter zur Teupitzer Straße mit der Bushaltestelle, bis einen an der Tornower Chaussee Hinweisschilder zum 3 Kilometer entfernten Dorf **Teupitz** auf den Schwarzen Weg lenken. Nun geht es durch den Mischwald am idyllischen **Tütschensee** vorbei und weiter auf einem Feldweg nach Teupitz. Über den Tornower Weg erreicht man schließlich die Straßenkreuzung, wo es am Hotel-Restaurant „Schenk von Landsberg" linker Hand auf der Poststraße ins historische Zentrum geht.

Teupitz

Fontane machte hier 1862 nur einen Blitzbesuch, über den er an seine Frau Emilie schrieb:

»*Ich reiste am Freitagabend um acht hier (in Berlin, Anm. der Autorin) ab und war um vier Uhr morgens in Teupitz, schlief drei Stunden in einem Bett, in dem wenigstens schon einer geschlafen hatte, fuhr dann über den schönen See, besuchte Schloss und Kirche, zuletzt einen Berg, von dem aus man die ganze Herrschaft Teupitz mit ihren Bergen und Seen überblickt, fuhr um zweieinhalb wieder ab und war um siebeneinhalb schon wieder in Berlin.*«

Nach dem Besuch kam er in seinem „Teupitz-Feuilleton" zu dem Schluss:

Auf dem Weg zum Tornower See

»*Teupitz verlohnt eine Nachtreise, wiewohl diese Hauptstadt des ,Schenkenländchens' nicht das mehr ist, als was sie mir geschildert worden war. All diese Schilderungen galten seiner Armut. ,Die Poesie des Verfalls liegt über dieser Stadt', so hieß es voll dichterischen Ausdrucks, und die pittoresken Armutsbilder, die mein Freund und Gewährsmann vor mir entrollte, wurden mir zu einem viel größeren Reiseantrieb als die gleichzeitig wiederholten Versicherungen: ,Aber Teupitz ist schön.'*«

Als er 1862 hierher kam, schlief er zunächst ein paar Stunden im Gasthaus „Zum goldenen Stern", das am Marktplatz stand.

»*Das Picken des Nagelschmieds von der Ecke gegenüber weckt mich, und während die Frühstücksstunde kommt und die braunen Semmeln neben die noch braunere Kanne gestellt werden, setzt sich die ,Sternen'-Wirtin zu mir und unterhält mich von Teupitz und dem Teupitzer See.*«

Danach erkundet er die Gegend. Das historische Zentrum dürfte gar nicht so anders aussehen als damals. Herzstück des denkmalgeschützten Zentrums ist der dreieckige **Marktplatz** mit **Kaiser-Wilhelm-** und **Kriegerdenkmal.** Ringsum gruppieren sich historische Gebäude wie das **Rathaus.** Das Gasthaus an der Hausnummer 1, in dem Fontane bei Wirtin Friedrike Wilhelmine Bullrich logierte, existiert allerdings nicht mehr. Die meisten Besucher steuern heute das Eiscafé „Wronowski" mit der Hausnummer 21 an und schmunzeln über das arg provinziell dekorierte Schaufenster des Kulturvereins. Zwischen den Häusern hindurch geht es zur **Anlegestelle** des Fahrgastschiffs.

Auf der anderen Seite führt die Kirchstraße an der gotischen **Heilig-Geist-Kirche** von 1346 vorbei auf die Halbinsel mit dem Wasserschloss. Dem Sakralbau konnte der Dichter nach der damaligen Renovierung nicht viel abgewinnen. Doch heute hat der Backsteinbau mit seinem schlichten Innenraum durchaus Charme.

An ihm vorbei gelangt kommt man zur 2011 eröffneten **Seebrücke** und dem eher bescheidenen **Fontanepark** am Seeufer. Den konnte der so Geehrte natürlich nicht kennen. Wohl aber das **Schloss,** eine malerisch gelegene Wasserburg, die er ausführlich beschreibt. Lange Zeit befand sie sich in den Händen des Adelsgeschlechts der Schenken von Landsberg. Nach wechselvoller Geschichte ging hier 2005 ein Schlosshotel in Konkurs. Der neue Besitzer hat das Anwesen nun zum Ärger von Anwohnern und Besuchern weiträumig abgesperrt. Immerhin bietet die Halbinsel einen schönen Weitblick über den See, auf dem bei gutem Wetter so mancher Freizeitkapitän unterwegs ist. Vielleicht mag man auch selbst das Fahrgastschiff besteigen, das im Sommer regelmäßig zu Fahrten über den See oder nach Groß Köris startet. Dann kann man nachempfinden, was der Dichter erlebt hat:

Gedenkstein im Teupitzer Fontanepark

»*Wir fuhren von Insel zu Insel, von Ufer zu Ufer; abwechselnd mit Ruder und Segel ging es auf und ab, planlos, ziellos. Die Teupitzer Kirche, der alte Schlossturm hinter Pappeln, die roten Dächer der Stadt, das Schilf, die Hügel – alles spiegelte sich in dem klaren Wasser...*«

Bevor er Teupitz verließ, ruderte er noch einmal ganz allein mit dem Boot hinaus, sozusagen als Abschiedspartie und schrieb:

Auch wenn Fontane sie nüchtern fand – die Kirche in Teupitz ist schön anzusehen

»*Die kurzen Wellen tanzen um mich her, das Wasser zeigt eine leichte Trübe, der Himmel ist grau. Ein Gefühl beschleicht mich, stärker noch als zuvor, als ruhe hier etwas, das sprechen wolle – ein Geheimnis, eine Geschichte. Ich ziehe die Ruder ein und horche. Die Wellen klatschen an den Kiel, und der Wind biegt das Rohr knisternd nieder. Sonst alles stumm. Die Wolken sinken immer tiefer; nun öffnen sie sich, und hinter der grauen Wand, die der niederfallende Regen nach allen Seiten hin aufrichtet, verschwindet die Landschaft, Stadt und Schloss. So sah ich den Teupitz-See zuletzt, und ich habe Sehnsucht, ihn wiederzusehen. Ist es seine Schönheit allein, oder zieht mich der Zauber, den das Schweigen hat? Jenes Schweigen, das etwas verschweigt.*«

km 8–13   **Von Teupitz nach Groß Köris**

Zunächst läuft man zurück zur Straßenkreuzung, wo es links auf der Bahnhofstraße ins 4 Kilometer entfernte Schwerin geht. Man folgt dem straßenbegleitenden Fahrradweg, bis hinter dem Ortsende auf der anderen Straßenseite rechts der markierte **Fontaneweg** (Löptener Weg) leicht ansteigt und erst durch Mischwald, später Kiefernwald der **Teupitzer Heide** in Richtung Autobahn führt. Schon lange bevor man die Autobahnbrücke erreicht, macht sie sich durch einen entsprechenden Geräuschpegel bemerkbar. Doch den vergisst man schnell wieder, wenn man sie rechts liegen lässt und dem Wegweiser ins 500 Meter entfernte **Schwerin** folgt. Hier kann man einen kleinen Abstecher an den **Schweriner See** machen. Ansonsten geht es an der Teupitzer Straße entlang nach **Groß Köris.** Schnell ist der Bahnhof erreicht, wo man mit Bahn oder Bus die Rückreise antritt. Wer noch die Eindrücke nachvollziehen möchte, die Fontane vom schönen **Klein Köriser See** und den beiden direkt angrenzenden Modderseen hatte, wandert stattdessen noch weiter zum vier Kilometer entfernten Klein Köris.

Von Groß Köris nach Klein Köris   km 13–18

Dazu geht man weiter an der Berliner Straße entlang, bis an einer Kreuzung links der markierte Weg in Richtung **Großer Moddersee** führt. In mehreren Bögen geht es auf dem Kotzen Winkel zum Ufer des **Klein Köriser Sees** und an der Jugendherberge mit Zeltplatz vorbei nach **Klein Köris,** wo einen bald Badestellen, das Hotel-Restaurant „Seeterrassen" und ein liebenswerter, kleiner Weiher erwarten. Ein Stück weiter befindet sich, gegenüber von einer großen Wiese am See neben dem wenig einladenden Fontanehaus, das wohl schon bessere Zeiten gesehen hat, die Bushaltestelle. Wer noch einmal den Blick über den Klein Köriser See und in Richtung Modderseen schweifen lässt, kann gut nachvollziehen, was Fontane bei seinem Segeltörn 1874 auf den Gewässern erlebte:

Großer und Kleiner Moddersee

»*Es begann zu dunkeln, als wir, zwischen Groß- und Kleinköris, in ein schwieriges, aus mehreren flachen Becken bestehendes Seengebiet einfuhren, das in seiner Gesamtheit den wenig klangvollen, aber bezeichnenden Namen der ‚Modder-See' führt. (…) Unser Schiff durchschnitt diese reizlosen, aber für die Wissenschaft der Torf- und Moorbildungen vielleicht nicht unwichtigen Wassertümpel, die vor uns, unaufgerüttelt, in smaragdner Klarheit, hinter uns in graugelber Trübe, wie ein Quirlbrei von Lehm und Humus lagen. Es wurde still und stiller an Bord. Jene Schweigelust überkam uns, die nach einem schönen, an Bildern und Eindrücken reichen Reisetage auch den Heiter-Gesprächigsten anzuwandeln pflegt und, weder in Ermüdung noch in Verstimmung wurzelnd, ihren Grund in dem plötzlichen Berührtwerden von dem Ausgehen alles Glückes, von der Endlichkeit der Dinge hat.*«

18 *Spreewald – Lagunenlandschaft im Taschenformat*

Start	**Ziel**	**Länge**	**Gehzeit**
Bhf. Lübbenau	Haltstelle Burg, SpreewaldTherme	16,5 km	4 Std.

Mit seinen dunklen Wäldern, lichten Streuobstwiesen und den Wasserläufen der Spree hat das Biosphärenreservat Spreewald seinen ganz eigenen Reiz. Für den war auch Fontane empfänglich. In seinem Band „Spreeland" schwärmt er von der Landschaft in den höchsten Tönen. Ähnlich wie er kann man auf der Wanderung von Lübbenau nach Burg den Lagunendörfern Lehde und Leipe einen Besuch abstatten und sich davon überzeugen, dass Gurke und Hecht auch heute noch kulinarische Botschafter der Gegend sind. Auch an den sorbischen Trachten der Frauen dürfte sich nicht viel verändert haben. Anders als der Bootsausflug des Dichters schließt die Wanderung den einladenden Erholungsort Burg ein.

Heute fast nur noch Touristenattraktion: die traditionellen Holzkähne

Infos zur Tour

Hinfahrt

Bhf. Lübbenau
(RE2 von Berlin Hbf, stdl., ca. 1 Std.
5 Min. oder RB24 ab Bhf. Berlin-Ostkreuz, stdl., ca. 1 Std. 25 Min.)

Rückfahrt

Haltestelle Burg, SpreewaldTherme
(Bus 38 bis Bhf. Vetschau, weiter mit
RE2 bis Berlin Hbf, mehrmals tgl.,
ca. 1 Std. 45 Min.)

Streckenverlauf

Lübbenau – Lehde – Leipe – Burg Kolo-
nie – Burg Dorf – Spreewald Therme

Streckencharakteristik

Landschaftlich und kulturell interes-
sante Wanderung durch die typische
Wald- und Wasserlandschaft des
Spreewalds

Schwierigkeit

Einfach

Beschilderung

Erst grüner Querstrich, ab Lehde
blauer bzw. gelber Querstrich

Information

Spreewald-Touristinformation
Ehm-Welk-Str. 15 ·
03222 Lübbenau · (0 35 42) 88 70 40 ·
www.spreewald-online.de ·
Mo–Fr 10–18, Sa/So 10–16 Uhr

Haus des Gastes
Am Hafen 6 · 03096 Burg-Dorf ·
(03 56 03) 75 01 60 ·
www.burgimspreewald.de
Mai–Sep. Mo–Sa 10–18, So/Fei
10–16 Uhr, im Winter verkürzt

Einkehren

Zum fröhlichen Hecht
Dorfstr. 1 · 03222 Lübbenau
(OT Lehde) · (0 35 42) 25 40 ·
www.zumhecht.com ·
Apr.–Okt. tgl. ab 9 Uhr
Bereits seit 300 Jahren bewirtet der
Traditionsbetrieb seine Gäste mit
spreewaldtypischer Küche. Beson-
dere Attraktion ist das benachbarte
Aquarium mit mehr als 20 Spreewald-
Fischarten. Außerdem kann man hier
im Logierhaus Lehde unterkommen
(DZ 85 Euro).

Kolonieschänke
Ringchaussee 136 ·
03096 Burg-Kolonie ·
(03 56 03) 68 50 ·
www.kolonieschaenke.de ·
Tgl. ab 18 Uhr
Uriges Traditionsgasthaus, das mit
gehobener Bioküche lockt. Auch
behagliche Zimmer (DZ ab 50 Euro).

Baden

Spreewald Therme
Ringchaussee 152 · 03096 Burg-Dorf ·
(03 56 03) 1 88 50 ·
www.spreewald-therme.de ·
Tgl. 9–22, Fr bis 24 Uhr
Das Bad lockt mit schöner, spree-
waldtypischer Architektur, heilsamer
Sole und umfangreichem Wellness-
Programm.

Tipp

Aufgrund der feuchten Umgebung
sollte man bei warmer Witterung den
Mückenschutz nicht vergessen.

km 0–0,5   Vom Bahnhof Lübbenau nach Lübbenau

Vor dem Bahnhof, der neben einer Touristinformation auch die sehenswerte, von Künstlern gestaltete Pension „Spreewelten" beherbergt, überquert man die Bahnhofstraße und läuft auf der Poststraße ins Zentrum von Lübbenau. Fontane erreichte die Stadt 1859 nach der Fahrt mit der Nachtpost am frühen Morgen und schrieb:

> »*Ein vom Frühlicht umglühter Kirchturm wird sichtbar und spielt eine Weile Versteckens mit uns; aber nun haben wir ihn wirklich und fahren durch einen hochgewölbten Torweg in Lübbenau, ‚die Spreewald-Hauptstadt', ein. Es ist Sonntag, und die Stille, die wir vorfinden, verrät nichts von dem sonst hier herrschenden lebhaften Verkehre. Die Spreewaldprodukte haben nämlich in Lübbenau ihren vorzüglichen Stapelplatz und gehen erst von hier aus in die Welt. Unter diesen Produkten stehen die Gurken obenan.*«

Lübbenau

Das Gemüse ist auch heute noch kulinarischer Botschafter des Spreewalds, wobei sich als Erwerbszweig der Tourismus dazugesellt hat. Sieht man sich im Zentrum um, wird man – neben allerlei Lokalen und Hotels – am dreieckigen Kirchplatz auch die **Postmeilensäule** aus der Zeit Augusts des Starken und die **Pfarrkirche St. Nikolai** von 1714 mit ihrem barocken Emporensaal entdecken. Gleich daneben hat der Bildhauer Volker Roth seinen **Sagenbrunnen,** bestehend aus mehreren skurrilen Spreewaldfiguren, platziert. Am Topfmarkt beherbergt indessen das **Torhaus** von 1850 das **Spreewaldmuseum** mit allerlei Gerätschaften der Leineweberei und einer historischen Puppenstube (Apr.–Okt. Di–So 10–18 Uhr). Besonderer Glanzpunkt von Lübbenau ist das klassizistische **Schloss** inmitten eines englischen Landschaftsgartens. Von 1621 bis in die 1940er-Jahre residierten hier die aus der Toskana stammenden Grafen zu Lynar. Dann wurde die Familie enteignet, da Wilfried Graf zu Lynar Verbindungsmann zu den Hitler-Attentätern von 1944 war. Nach der Wende kaufte sie das Schloss zurück und verwandelte es in einen rundum stilvollen Hotelbetrieb. Der Schlosspark erinnert Fontane mit seinen schönen Baumpartien an den Park des schottischen Warwick-Castle. Am damals neu errichteten Schloss fehlte ihm indessen die Patina:

»*Das neue Schloß ist ein stattlicher Bau, der gewinnen wird, wenn er seinerseits ein paar hundert Jahre auf dem Rücken trägt. (…) Die Vorderfront, der es an Ornamentik fehlt, zeigt als einzigen Punkt, worauf das Auge ausruhen kann, daß Lynarsche Wappen, zwei Felder mit blühendem Lein, zwei andere mit einer gewundenen Schlange. Die Schlangen und das Haus Lynar leben seit alter Zeit auf gutem Fuß. Ob man aus Liebe zu den Schlangen die Schlangen ins Wappen genommen hat oder, umgekehrt, aus Liebe zum Wappen sich mit den Schlangen befreundet hat, laß ich dahingestellt sein; nur das Faktum bleibt, daß die beiden Schlangen im Wappenschilde der Lynars kaum fester und treuer an ihnen hängen, als die leibhaftigen Schlangen, die unten im Park herumspazieren.*«

Ansonsten haben die Spreewaldkostüme der Frauen beim Dichter einen lebhaften Eindruck hinterlassen. Er beschreibt ausführlich Faltenrock, Mieder, Busentuch, Schnallenschuhe – und vor allem den „Kopfputz":

»*Eine zugeschrägte Papier- oder Papphülse bildet das Gestell, darüber legen sich Tüll und Gaze, Kanten und Bänder und stellen eine Art Spitzhaube her. Ist die Trägerin eine Jungfrau, so schließt die Kopfbekleidung hiermit ab, ist sie dagegen verheiratet, so schlingt sich noch ein Kopftuch um die Haube herum und verdeckt sie, je nach Neigung, halb oder ganz.*«

km
0,5–1,5

Vom Lübbenau nach Lehde

Mit etwas Glück kann man heute noch Frauen in traditioneller sorbischer Tracht entdecken. Die Wanderung beginnt am **Kirchplatz,** wo man rechts abbiegt und an der Kirche vorbei auf der Ehm-Welk-Straße in Richtung Schlossbezirk läuft. Am **Schloss** entlang geht es weiter auf dem Fahrweg und über den **Südumfluter** zum Lehdschen Weg, wo rechts ein mit grünem Querstrich markierter Wanderweg abzweigt. Er führt parallel zur Straße durch den Wald und wenig später nach Lehde.

Unterwegs zeigt sich die eigentümliche Landschaft des **Biosphärenreservats Spreewald,** das aus einem riesigen Netz von Wasserläufen besteht. Der Sage nach sollen hier dem Teufel beim Pflügen die Ochsen durchgegangen und beim wilden Rangel der Tiere die Wasserläufe entstanden sein. In Wirklichkeit teilte sich nach der letzten Eiszeit die Spree in ein fein gegliedertes Netz von Fließen, das von dichtem Urwald durchzogen war. Fontane ließ die Wald- und Weideregion, die seit 1991 unter dem Schutz der UNESCO steht, im Boot an sich vorüber ziehen und war sichtlich angetan:

»*Gleich die erste halbe Meile ist ein landschaftliches Kabinettstück und wird insoweit durch nichts Folgendes übertroffen, als es die Besonderheit des Spreewaldes: seinen Netz- und Inselcharakter, am deutlichsten zeigt. Dieser Netz- und Inselcharakter ist freilich überall vorhanden, aber er verbirgt sich vielfach, und nur derjenige, der in einem Luftballon über das vieldurchschnittene Terrain hinwegflöge, würde die zu Maschen geschlungenen Flußfäden allerorten in ähnlicher Deutlichkeit wie zwischen Lübbenau und Lehde zu seinen Füßen sehen.*«

Lehde

Schließlich erreicht der Schriftsteller Lehde und schwärmt:

»*Es ist die Lagunenstadt in Taschenformat, ein Venedig, wie es vor 1 500 Jahren gewesen sein mag, als die ersten Fischerfamilien*

Frau in traditioneller sorbischer Tracht im Freilandmuseum Lehde

auf seinen Sumpfeilanden Schutz suchten. Man kann nichts Lieblicheres sehn als dieses Lehde, das aus ebenso vielen Inseln besteht, als es Häuser hat. (...) Obstbäume und Düngerhaufen, Blumenbeete und Fischkasten teilen sich im übrigen in das Terrain und geben eine Fülle der reizendsten Bilder. Das Wohnhaus ist jederzeit ein Blockhaus mit kleinen Fenstern und einer tüchtigen Schilfdachkappe; das ist das Wesentliche; seine Schönheit aber besteht in seiner reichen und malerischen Einfassung von Blatt und Blüte: Kürbis rankt sich auf, und Geißblatt und Convolvulus schlingen sich mit allen Farben hindurch.«

Tatsächlich geht von dem 700 Jahre alten, denkmalgeschützten Lagunendorf mit seinen üppig blühenden Gärten auch heute noch ein besonderer Zauber aus. Inzwischen sind in den alten Holzhäusern Lokale und Kahnverleihstellen untergekommen. Außerdem bilden drei altwendische Hofanlagen ein **Freilandmuseum** mit einer historischen Trachtenausstellung, Blaudruckwerkstatt, Töpferei und der Kahnbauerei (Apr.–Sep. tgl. 10–18, Okt tgl. 10–17 Uhr). Und in der Hotelanlage „Starick" veranschaulicht das **Gurkenmuseum** das traditionelle Einlegeverfahren der Spreewaldgurken mit Salz, Essig und allerhand Kräutern (An der Dolzke 6 · Apr.–Okt. tgl. 10–17 Uhr).

km
1,5–6,5

Von Lehde nach Leipe

Auf der Dorfstraße läuft man durch den Ort, folgt den Wegweisern nach **Leipe** über eine **Brücke** und wandert weiter an schönen alten Bauernhäusern entlang aus dem Ort hinaus. Noch einmal ist eine **Brücke** zu überqueren, bevor es links auf schmalem Pfad, den Birken und Schwarzerlen säumen, immer geradeaus durch geheimnisvolle Wald- und Sumpflandschaft geht. Nach ungefähr 5 Kilometern erreicht man, der Markierung mit **gelbem Punkt/Strich** folgend, das Fischerdörfchen Leipe, das bis aufs 14. Jahrhundert zurückgeht und bis 1936 nur auf dem Wasserweg erreichbar war.

Leipe

Trotz seiner Abgeschiedenheit traf Fontane hier bereits auf Erholungssuchende aus Berlin. Im damaligen Wirtshaus „Forsthaus Eiche" tischte Wirtin Schenker Hecht auf, was die offenbar trinkfreudige Gesellschaft dazu veranlasste, immer wieder in die „Leberreime" einzustimmen:

»*Die Leber ist von einem Hecht und nicht von einem Störe,
Es lebe Lehrer Klingestein, der Kantor der Kantöre.*«

In jene Zeit versetzt einen die **Heimatstube** mit alten Möbeln und Hausrat, wo Besucherinnen auch Spreewaldtrachten an-
probieren dürfen. Allerdings öffnet sie nur auf Anfrage (Leiper
Dorfstr. 6 · (0 35 42) 8 02 35).

Von Leipe nach Burg-Dorf

Von der Heimatstube aus läuft man an einer Bushaltestelle auf der
linken Seite vorbei, bis man zu einer T-Kreuzung kommt, wo man
sich links hält. Jetzt setzt sich der Weg mit der **blauen Markierung**
durch offene Wiesenlandschaft in Richtung Burg fort. Rechts und
wieder rechts folgt man den Hinweisschildern nach Burg-Dorf bzw.
Therme auf den asphaltierten Erlkönigweg und durch Felder- und
Wiesenlandschaft. Zwischendurch passiert man die Ringchaussee und läuft, geradeaus der Markierung auf der Fahrradstraße
folgend, durch die lockere Besiedlung und Wiesenlandschaft von
Burg-Kolonie in Richtung „Kolonieschänke", bis es rechts auf den
Birkenweg geht. Dieser führt auf etwas verschlungenen Wegen über
eine Brücke zur Ringchaussee. Rechts liegt schräg gegenüber die
„Kolonieschänke". Doch hält man sich links und läuft auf der Ringchaussee ca. 2 Kilometer in Richtung **Burg-Dorf.** Vorbei am Resort
„Zur Bleiche" gelangt man zur **Spreewald Therme** und weiter ins
Ortszentrum. Unterwegs kann man an mehreren Bushaltestellen in
den Bus nach **Vetschau** steigen. Doch wer Zeit genug hat, sollte sich
erstmal in Burg umsehen.

**km
6,5–16,5**

Burg-Dorf

Das sorbisch geprägte Burg, das eigentlich aus einer riesigen
Streusiedlung besteht, hat sich in den letzten Jahren dank der
Spreewald Therme und komfortablen Hotelbetrieben zu einem
beliebten Erholungsort entwickelt. Zudem locken Sehenswürdigkeiten wie der **Bismarckturm** auf dem Schlossberg (Apr.–
Juni, Sep./Okt. tgl. 10–18, Juli/Aug. 9–18 Uhr) und eine liebevoll
gestaltete **Heimatstube** mit historischen Trachten und Alltags-
gegenständen aus Fontanes und späteren Zeiten (Am Hafen 1 ·
(03 56 03) 7 57 29 · Apr.–Okt. Mi–So 13–17, Nov.–März Mi–So
12–16 Uhr).

Liebe Leserinnen und Leser,
alle Angaben in diesem Wanderführer sind gewissenhaft geprüft. Trotz gründlicher Recherche können sich manchmal Fehler einschleichen. Wir bitten um Verständnis, dass der Verlag dafür keine Haftung übernehmen kann. Über Hinweise, Berichtigungen und Ergänzungsvorschläge freuen wir uns jederzeit!

Verlagsanschrift
via reise verlag
Lehderstraße 16–19
13086 Berlin
post@viareise.de
www.viareise.de

© via reise verlag Klaus Scheddel
2. Auflage, Berlin 2019
Alle Rechte vorbehalten.
ISBN 978-3-945983-54-6

Text & Recherche
Ulrike Wiebrecht

Redaktion
Natalie Hanß

Herstellung & Gestaltung
Annelie Krupicka (via reise verlag)

Kartografie
Annelie Krupicka (via reise verlag),
Antonia Ortmann, Tanja Onken

Druck
Ruksaldruck, Berlin

MIX
Papier aus verantwortungsvollen Quellen
FSC
www.fsc.org
FSC® C104247

Literaturnachweis
Die Zitate stammen aus:
Fontane, Theodor: Wanderungen durch die Mark Brandenburg. Band 1–5, 2. Auflage 1994, Aufbau-Verlag

Fotos Innenteil
Ulrike Wiebrecht, außer:
ArTo/Fotolia 82; Borchert, Jan 163; christiane65/Fotolia 45; Endruweit, Meiken 116, 119; Gemeinfrei 5, 6, 7, 8, 158; H.-P.Haack/Theodor Fontane Der Stechlin/BY 3.0/bearb. 9; Heike Jestram/Fotolia 4; holger.l.berlin/Fotolia 114; Ines Pufahl/PIXELIO 20; Katja Zenikis/Fotolia 104; Kitty/Fotolia 16, 32; Konrad Weiss/shutterstock 120; Kummer, Dolores 125; Peter Probst/Shutterstock 102; pure-life-pictures/Fotolia 96–97, 106, 111; Ralf Pernack/PIXELIO 132–133; rotschwarzdesign/Fotolia 113; Scheddel, Klaus 23, 98, 139; Schwielowtourismus 110; Sebastian Wallroth/Schloss Gusow 2016 008/BY 4.0/bearb. 95; Udo Kruse/Fotolia 126; Wiehle, Thorsten 140

Umschlagfoto vorn
Schloss Meseberg (Kitty/Fotolia),
Theodor Fontane (gemeinfrei)

Umschlagfoto hinten
Klein Köriser See (Ulrike Wiebrecht)

Foto Umschlagklappe vorn
Wegweiser Fontaneweg
(Ulrike Wiebrecht)